Von Finn und Finja, Freya und Fritz

Knud Bielefeld · Annemarie Lüning

Von Finn und Finja, Freya und Fritz

Die beliebtesten **Vornamen** der Norddeutschen

Vitolibro

© Vitolibro, Malente 2016
Umschlag- und Innengestaltung: Karen Kieback, Laboe
Illustrationen: Vitolibro
gedruckt bei CPI, Leck
ISBN 978-3-86940-017-4

Vitolibro

– der Verlag mit dem Flieger

Weiteres finden Sie unter www.vitolibro.de

Inhaltsverzeichnis

Vorwort

Sie erwarten ein Baby, für das Sie den perfekten Namen suchen? Sie landen immer wieder bei typisch norddeutschen oder skandinavischen Namen, sei es, weil Sie sie einfach frisch und knackig finden oder weil Sie Heimatverbundenheit ausdrücken möchten? Dann sind Sie hier richtig!

Wir beleuchten eine besondere Auswahl von Jungen- und Mädchennamen. Nämlich in erster Linie solche, die Nord-Kinder in den letzten Jahren häufiger erhalten haben als Neugeborene in anderen Regionen Deutschlands. Darunter ist auch mancher Name, der zwar nicht aus dem Norden stammt, in den nördlichen Bundesländern aber dennoch sehr gut ankommt. Woher wir den Namensgeschmack des Nordens so genau kennen? Für beliebte-Vornamen.de tragen wir seit Jahren umfassende statistische Daten zusammen, um alljährlich die beliebtesten Namen Deutschlands zu ermitteln. Zuletzt wurden 26 Prozent aller 2015 in Deutschland geborenen Babys erfasst. Der Norden wird dabei nicht bevorzugt, liegt uns als Schleswig-Holsteinern aber besonders nahe. Zusätzlich haben wir einige Spezialitäten in dieses Buch aufgenommen, die zum Teil sogar im Norden exotisch wirken.

Nüchterne Lexika und wissenschaftliche Abhandlungen gibt es in großer Zahl. Wir wollen Ihnen vor allem eine abwechslungsreiche Lektüre bieten. Mit vielen Namen, die in die aktuelle Vornamenslandschaft (nicht nur?!) im Norden passen, und dazu Tipps, Erfahrungsberichten von Eltern und Namensträgern sowie interessanten Zahlen, die Sie sonst nirgendwo finden. Übrigens: Namenstrends entwickeln sich langfristig. Die genannten Rangplätze verlieren ihre Aussagekraft nicht so bald, auch wenn die Hitliste in Bewegung ist. Wer es ganz genau wissen will, findet den aktuellsten Stand stets unter
www.beliebte-vornamen.de/regional/nordnamen

Hätten Sie gewusst, dass Henry, der bundesweit (noch) nicht in den Top Ten steht, unangefochtener Favorit der Hamburger ist und dass mehr Eltern sich für Henry als für Henri entscheiden? Natürlich ist nichts falsch daran, einen häufigen Namen zu wählen – der kommt schließlich bei vielen prima an – oder auch eine seltenere Schreibweise. Wir sind jedoch überzeugt davon, dass es gut ist, sich über diese Dinge vorab im Klaren zu sein, und hoffen, dass wir Suchenden ihre Mission leichter, gern auch vergnüglicher machen können.

Finn, Fritz oder Fiete lassen es mutmaßen: Sind Namen im Norden kürzer und kantiger als andernorts – passend zum Klischee vom reservierten bis raubeinigen Nordlicht? Überwiegen bestimmte Anfangsbuchstaben? Und könnten Namen nordischer Gottheiten wie Freya womöglich problematische Assoziationen wecken? Auch hierauf antworten wir in dem vorliegenden Buch. Wir wünschen viel Freude auf Ihrer Reise durch die Welt der Nordkinder-Namen!

Annemarie Lüning und Knud Bielefeld, im September 2016

Norddeutsche Vornamen
der Jahrgänge 2015 und 2016

Stand: Juni 2016

Zum Auftakt präsentieren wir die gemeinsame Namenshitliste von Schleswig-Holstein, Hamburg, Mecklenburg-Vorpommern, Niedersachsen und Bremen. Regionale Spezialitäten sind dabei nicht allzu dicht gesät, denn natürlich machen bundesweite Trends auch vor dem Norden nicht halt.

Mädchen

1. Emma	39. Zoe/Zoé	77. Antonia
2. Mia	40. Julia	78. Zoey
3. Hannah/Hanna	41. Marlene	79. Elina
4. Mila	42. Mira	80. Lene
5. Sophia/Sofia	43. Alina	81. Maria
6. Lina	44. Mara/Marah	82. Jolina/Joelina
7. Emily/Emilie	45. Amy	83. Katharina/Katarina/
8. Marie	46. Carlotta/Karlotta	84. Melissa
9. Leonie	47. Isabel/Isabelle	85. Helena
10. Amelie	48. Lisa	86. Elif
11. Emilia	49. Elisa	87. Enna
12. Johanna	50. Josephine/Josefine	88. Eva
13. Lea/Leah	51. Anni/Anny/Annie	89. Jasmin/Yasmin
14. Clara/Klara	52. Tilda	90. Rieke/Rike
15. Anna	53. Maila/Mayla	91. Levke
16. Nele/Neele	54. Nora	92. Malia
17. Luisa/Louisa	55. Victoria/Viktoria	93. Milena
18. Ida	56. Emely/Emelie	94. Ronja
19. Charlotte	57. Jette	95. Annabelle/Annabel
20. Mathilda/Matilda	58. Isabella	96. Hailey/Haylie
21. Lilly/Lilli	59. Juna/Yuna	97. Theresa/Teresa
22. Sophie/Sofie	60. Fiona	98. Milla
23. Lena	61. Lenja/Lenya	99. Amalia
24. Frieda/Frida	62. Lucy/Lucie	100. Ava
25. Lotta	63. Carla/Karla	101. Elli/Elly
26. Lara	64. Martha/Marta	102. Helene
27. Greta	65. Mina	103. Liv
28. Lia/Liah/Lya	66. Pauline	104. Marla
29. Ella	67. Romy	105. Aaliyah/Aliya
30. Pia	68. Jule	106. Carolin/Caroline Karoline
31. Leni	69. Luise/Louise	
32. Merle	70. Luna	107. Chiara
33. Laura	71. Jana	108. Eileen/Aileen/Ayleen/
34. Maja/Maya	72. Stella	109. Emmi/Emmy
35. Melina	73. Thea	110. Linn/Lynn
36. Paula	74. Jonna	111. Celina
37. Sarah/Sara	75. Paulina	112. Elena
38. Finja/Finnja	76. Lotte	113. Freya

114. Mariella	152. Laila/Layla	190. Evelyn/Evelin/Eveline
115. Smilla	153. Selina	191. Henriette
116. Julie/Juli	154. Vanessa	192. Ina
117. Kira/Kyra	155. Xenia	193. Marit
118. Leila/Leyla	156. Alessia	194. Naila/Nayla
119. Liana	157. Leana	195. Nala/Nahla
120. Tessa	158. Luana	196. Tabea
121. Amelia	159. Olivia	197. Adriana
122. Janne	160. Angelina	198. Alma
123. Alicia	161. Henrike/Henrieke	199. Amilia
124. Elisabeth	162. Kate	200. Cataleya
125. Elsa	163. Miriam	201. Estelle
126. Samira	164. Nike	202. Fine/Fiene
127. Amira	165. Nina	203. Franziska
128. Lana	166. Talia/Thalia	204. Kaja/Kaya/Caja
129. Sina/Sinah	167. Enie	205. Rosa
130. Svea	168. Linnea/Linea	206. Theda
131. Fabienne	169. Mailin/Maylin	207. Carina/Karina
132. Maira/Meyra	170. Marieke/Marike	208. Janna
133. Annika/Annica/	171. Alissa/Alyssa	209. Jella
134. Ylvie/Ylvi	172. Annelie	210. Kimberly/Kimberley
135. Alexandra	173. Melia	211. Lou
136. Jara/Yara	174. Amina	212. Rebecca/Rebekka
137. Joleen	175. Daria	213. Tamina
138. Linda	176. Ela	214. Alexa
139. Marleen/Marlen	177. Magdalena	215. Alva
140. Aurelia	178. Talea/Thalea	216. Ayla
141. Fenja	179. Kim	217. Dana
142. Hedi/Hedy	180. Liz	218. Enya
143. Rosalie	181. Lucia	219. Felina
144. Anastasia	182. Malina	220. Femke
145. Malin	183. Medina	221. Hira
146. Diana	184. Melody	222. Leticia/Letizia
147. Edda	185. Nela/Neela	223. Liliana/Lilliana
148. Elise	186. Vivien/Vivienne	224. Marlena
149. Madita	187. Alisa	225. Melek
150. Valentina	188. Dilara	226. Michelle
151. Carolina/Karolina	189. Elin	227. Mieke

Jungen

1. Ben
2. Finn/Fynn
3. Jonas
4. Leon
5. Elias
6. Noah
7. Paul
8. Henry/Henri
9. Luis/Louis
10. Luca/Luka
11. Max
12. Felix
13. Lukas/Lucas
14. Emil
15. Mats/Mads
16. Maximilian
17. Theo
18. Liam
19. Tom
20. Niklas/Niclas
21. Oskar/Oscar
22. Anton
23. Jakob/Jacob
24. Milan
25. Mattis/Mathis/Matthis
26. Tim
27. Karl/Carl
28. Erik/Eric
29. Mika
30. Moritz
31. Johann
32. Julian
33. Jonathan
34. Jan
35. Lennard/Lennart
36. Ole
37. Jona/Jonah
38. Linus

39. Lasse
40. Philipp/Philip/Phillip/Filip
41. Alexander
42. Till/Til
43. Matteo/Mateo/Matheo
44. Hannes
45. Jannik/Yannick
46. Leo
47. David
48. Marlon
49. Fiete
50. Bennet/Bennett
51. Jonte
52. Jannis/Janis/Yannis
53. Joris
54. Leonard
55. Julius
56. Levi
57. Aaron
58. Malte
59. Maxim/Maksim
60. Nick
61. Nico/Niko
62. Justus
63. Vincent
64. Jannes
65. Adrian
66. Fabian
67. Raphael/Rafael
68. Konstantin/Constantin
69. Daniel
70. Samuel
71. Piet
72. Jayden/Jaden
73. Joel
74. Mohammed/Muhammad

75. Johannes
76. John
77. Joshua/Joschua
78. Pepe
79. Matti
80. Lenny/Lenni
81. Thore/Tore
82. Lian
83. Damian
84. Levin
85. Enno
86. Sam
87. Simon
88. Luke/Luc/Luk
89. Lias
90. Colin/Collin
91. Theodor
92. Phil
93. Robin
94. Marvin/Marwin
95. Michel
96. Jasper
97. Nils/Niels
98. Lennox
99. Bjarne
100. Artur/Arthur
101. Florian
102. Tyler/Tayler
103. Bruno
104. Dominik/Dominic
105. Jamie
106. Mattes/Matthes
107. Oliver
108. Benjamin
109. Gabriel
110. Toni/Tony
111. Klaas/Claas
112. Lars

113. Marten	153. Benedikt	191. Jack
114. Noel	154. Emilio	192. Jenke
115. Thilo/Tilo	155. Friedrich	193. Leander
116. Frederik/Frederic	156. Gustav	194. Leopold
117. Lio	157. Hugo	195. Alessio
118. Christian/Kristian	158. Connor/Conner	196. Alex
119. Jaron/Yaron	159. Ian	197. Benno
120. Milo/Milow	160. Emilian	198. Jarno
121. Carlo/Karlo	161. Hanno	199. Mike/Maik/Meik
122. Jason	162. Hendrik	200. Willi/Willy
123. Kilian	163. Finnley/Finley/Finlay	201. Arian
124. Fritz	164. Joost/Jost	202. Can
125. Lenn/Len	165. Michael	203. Henning
126. Malik	166. Yasin	204. Kalle
127. Marc/Mark	167. Yusuf	205. Martin
128. Timo	168. Elia/Eliah	206. Nathan
129. Valentin	169. Jano	207. Tino
130. Bosse	170. Jesse	208. Chris
131. Leif	171. Lionel	209. Jarne
132. Tammo	172. Mailo	210. Julien
133. Tjark	173. Clemens/Klemens	211. Laurenz/Laurens
134. Adam	174. Ferdinand	212. Leonardo
135. Kjell	175. Franz	213. Luan
137. Henrik/Henrick	176. Hauke	214. Mio
138. Ilias/Ilyas	177. Kian	215. Victor/Viktor
139. Tamme	178. Richard	216. Alan
140. Dean	179. Tiago/Thiago	217. Brian/Bryan
141. Jonne	180. Ahmed/Ahmet	218. Caspar/Kaspar
142. Tristan	181. Jesper	219. Charlie/Charly
143. Ali	182. Leandro	220. Danny/Denny
144. Silas	183. Lion	221. Edgar
145. Tobias	184. Titus	222. Jaro
146. Arne	185. Bela	223. Konrad
147. Keno	186. Magnus	224. Mick
148. Marcel	187. Sami	225. Oke
149. Neo	188. Aiden/Ayden	226. Ryan
150. Nicolas/Nikolas	189. Bastian	227. Bo
152. Sebastian	190. Dennis/Denis	228. Christoph

Nicht kürzer als andernorts

Kurz und knackig, so lassen sich die meisten Namen umschreiben, die in Deutschland gerade angesagt sind. Die dreibuchstabigen Ben und Mia stehen an der Spitze der bundesweiten Hitliste, die zweibuchstabigen **> Bo** und Mo sind im Aufwärtstrend. Im Schnitt bestehen aktuelle Vornamen aus fünf Buchstaben, sowohl in Norddeutschland als auch auf ganz Deutschland gesehen.

Ein Grund dafür ist die wachsende Beliebtheit von Kurzformen, von denen heutzutage immer mehr als eigenständige Vornamen amtlich eingetragen werden. Nicht ganz unschuldig an diesem Trend sind die Friesen, denn der unerschöpfliche friesische Namensvorrat besteht zum großen Teil aus ungewöhnlichen und weit verbreiteten Verkürzungen traditioneller Vollformen. Das Bestreben vieler Eltern, einen möglichst individuellen Vornamen auszuwählen – der andere große Trend der Namensgebung –, führt dazu, dass viele (auch süddeutsche) Eltern in friesischen Quellen fündig werden.

Nordlichter lieben das T

Der beliebteste Anfangsbuchstabe der in Deutschland geborenen Babys ist derzeit das L, gefolgt von den Buchstaben M, J, A und E (in absteigender Reihenfolge). Diese Top Fünf gelten auch für Norddeutschland, wobei die Konsonanten M und J im Norden einen größeren und die Vokale A und E einen kleineren Anteil ausmachen als andernorts. Platz 6 im Norden ist das T; Vornamen mit diesem Anfangsbuchstaben sind in Norddeutschland deutlich beliebter als im Rest Deutschlands, wo häufiger Vornamen, die mit S beginnen, vergeben werden.

Vornamenranglisten je Bundesland

Bremen

Mädchen		Jungen	
1.	Mia	1.	Noah
2.	Lina	2.	Elias
3.	Emily/Emilie	3.	Leon
4.	Emma	4.	Finn/Fynn
5.	Sophia/Sofia	5.	Luis/Louis
6.	Leonie	6.	Ben
7.	Hannah/Hanna	7.	Theo
8.	Mila	8.	Jonas
9.	Emilia	9.	Maximilian
10.	Amelie	10.	Liam
11.	Marie	11.	Max
12.	Anna	12.	Niklas/Niclas
13.	Lea/Leah	13.	Tom
14.	Lia/Liah/Lya	14.	Felix
15.	Lara	15.	Erik/Eric
16.	Pia	16.	Henry/Henri
17.	Johanna	17.	Milan
18.	Clara/Klara	18.	Julian
19.	Lilly/Lilli	19.	Mattis/Matthis
20.	Nele/Neele	20.	Paul
21.	Sophie/Sofie	21.	David
22.	Leni	22.	Emil
23.	Lotta	23.	Jannis/Janis
24.	Maja/Maya	24.	Jona/Jonah
25.	Melina	25.	Luca/Luka
26.	Zoe/Zoé	26.	Matteo/Mateo
27.	Greta	27.	Damian
28.	Ida	28.	Joel
29.	Lena	29.	Jonathan
30.	Julia	30.	Lukas/Lucas

Typisch Bremen: Die Vornamen > **Theo**, Noah, Jannis, Lina und Melek wurden hier im Deutschland-Vergleich relativ häufig vergeben.

Hamburg

	Mädchen		Jungen
1.	Emma	1.	Henry/Henri
2.	Mia	2.	Jonas
3.	Hannah/Hanna	3.	Ben
4.	Clara/Klara	4.	Leon
5.	Emilia	5.	Paul
6.	Frieda/Frida	6.	Luis/Louis
7.	Sophia/Sofia	7.	Johann
8.	Emily/Emilie	8.	Finn/Fynn
9.	Lara	9.	Luca/Luka
10.	Lina	10.	Emil
11.	Marie	11.	Elias
12.	Luisa/Louisa	12.	Mats/Mads
13.	Charlotte	13.	Maximilian
14.	Mathilda/Matilda	14.	Oskar/Oscar
15.	Johanna	15.	Noah
16.	Ella	16.	Tom
17.	Mila	17.	Jonathan
18.	Greta	18.	Liam
19.	Sophie/Sofie	19.	Jakob/Jacob
20.	Ida	20.	Anton
21.	Nele/Neele	21.	Linus
22.	Amelie	22.	Felix
23.	Lea/Leah	23.	Jannik/Yannick
24.	Leonie	24.	Philipp/Philip
25.	Anna	25.	Lasse
26.	Lilly/Lilli	26.	Max
27.	Lia/Liah/Lya	27.	Lukas/Lucas
28.	Lotta	28.	Moritz
29.	Merle	29.	Tim
30.	Laura	30.	Alexander

Typisch Hamburg: Die Vornamen > **Henry**, > **Johann**, > **Lasse**, > **Jonte**, Clara, Frieda und > **Mathilda** wurden hier im Deutschland-Vergleich relativ häufig vergeben.

Mecklenburg-Vorpommern

Mädchen		Jungen	
1.	Hannah/Hanna	1.	Finn/Fynn
2.	Emma	2.	Oskar/Oscar
3.	Mia	3.	Ben
4.	Charlotte	4.	Karl/Carl
5.	Pia	5.	Emil
6.	Frieda/Frida	6.	Paul
7.	Lilly/Lilli	7.	Max
8.	Lina	8.	Jonas
9.	Clara/Klara	9.	Lennard/Lennart
10.	Nele/Neele	10.	Leon
11.	Amelie	11.	Luis/Louis
12.	Johanna	12.	Pepe
13.	Leonie	13.	Anton
14.	Mathilda/Mathilda	14.	Till/Til
15.	Sophia/Sofia	15.	Luca/Luka
16.	Anni/Anny/Annie	16.	Lukas/Lukas
17.	Lena	17.	Noah
18.	Marie	18.	Elias
19.	Emilia	19.	Niklas/Niclas
20.	Emily/Emilie	20.	Felix
21.	Mila	21.	Ole
22.	Anna	22.	Tim
23.	Lotta	23.	Henry/Henri
24.	Ella	24.	Maximilian
25.	Greta	25.	Moritz
26.	Luisa/Louisa	26.	Fiete
27.	Melina	27.	Julian
28.	Lea/Leah	28.	Marten
29.	Leni	29.	Mika
30.	Maja/Maya	30.	Theo

Typisch Mecklenburg-Vorpommern: Die Vornamen > **Karl**, Oskar, Pepe, Willy, > **Fiete**, Charlotte, Pia und Anni wurden hier im Deutschland-Vergleich relativ häufig vergeben.

Niedersachsen

	Mädchen		Jungen
1.	Emma	1.	Ben
2.	Mia	2.	Finn/Fynn
3.	Hannah/Hanna	3.	Jonas
4.	Mila	4.	Elias
5.	Lina	5.	Leon
6.	Sophia/Sofia	6.	Noah
7.	Amelie	7.	Henry/Henri
8.	Lea/Leah	8.	Paul
9.	Marie	9.	Luis/Louis
10.	Anna	10.	Felix
11.	Leonie	11.	Luca/Luka
12.	Emily/Emilie	12.	Lukas/Lucas
13.	Sophie/Sofie	13.	Max
14.	Ida	14.	Emil
15.	Luisa/Louisa	15.	Mats/Mads
16.	Nele/Neele	16.	Milan
17.	Emilia	17.	Theo
18.	Lena	18.	Niklas/Niclas
19.	Leni	19.	Mattis/Matthis
20.	Charlotte	20.	Tom
21.	Lotta	21.	Liam
22.	Johanna	22.	Tim
23.	Clara/Klara	23.	Anton
24.	Greta	24.	Maximilian
25.	Lilly/Lilly	25.	Julian
26.	Frieda/Frida	26.	Erik/Eric
27.	Ella	27.	Jakob/Jacob
28.	Laura	28.	Moritz
29.	Lara	29.	Jan
30.	Pia	30.	Lennard/Lennart

Typisch Niedersachsen: Die Vornamen > **Mattis**, > **Henry**, > **Jonte**, Milan, > **Ida**, Mila und > **Levke** wurden hier im Deutschland-Vergleich relativ häufig vergeben.

Schleswig-Holstein

Mädchen	Jungen
1. Mia	1. Finn/Fynn
2. Emma	2. Ben
3. Hannah/Hanna	3. Luis/Louis
4. Lina	4. Jonas
5. Leonie	5. Paul
6. Sophia/Sofia	6. Max
7. Emily/Emilie	7. Luca/Luka
8. Amelie	8. Mats/Mads
9. Johanna	9. Noah
10. Lilly/Lilli	10. Lasse
11. Mila	11. Leon
12. Ida	12. Henry/Henri
13. Frieda/Frida	13. Felix
14. Mathilda/Matilda	14. Elias
15. Nele/Neele	15. Emil
16. Lotta	16. Jakob/Jakob
17. Marie	17. Maximilian
18. Emilia	18. Tom
19. Lena	19. Niklas/Niclas
20. Lia/Liah/Lya	20. Linus
21. Luisa/Louisa	21. Hannes
22. Merle	22. Mattis/Matthis
23. Greta	23. Mika
24. Finja/Finnja	24. Lukas/Lucas
25. Lea/Leah	25. Karl/Karl
26. Jonna	26. Erik/Eric
27. Leni	27. Liam
28. Maja/Maya	28. Theo
29. Pia	29. Johann
30. Sophie/Sofie	30. Moritz

Typisch Schleswig-Holstein: Die Vornamen > **Lasse**, Mats, > **Jonna**, > **Merle** und > **Ida** wurden hier im Deutschland-Vergleich relativ häufig vergeben.

Wie viel Lindgren ist okay?

In den Weiten des Internets gibt es Menschen, die eine verblüffende These zum Namen Lotta vertreten: Nur „kleine freche Nachzüglerinnen" könnten so heißen – und keinesfalls Erstgeborene. Aha?

Ja gut, in Astrid Lindgrens „Krachmacherstraße" heißt das jüngste Kind, ein ausgewiesener Frechdachs, nun mal Lotta. Trotzdem hat der Name Lotta, immerhin eine Kurzform so erhabener Namen wie Charlotte oder Liselotte, nichts an sich, was ihn auf diese Interpretation festlegt. Er bedeutet nicht „Kleine" oder Ähnliches (wie es zum Beispiel > **Paula** tut) und kommt schon längst nicht mehr so selten vor, dass man sofort und ausschließlich an die Lindgren-Lotta denken müsste. Er ist eine Kurzform und somit eine Verniedlichung, doch das sind viele Modenamen, die trotzdem nicht nur für Nesthäkchen in Betracht gezogen werden. Übrigens bevölkern mitterweile auch ganz andere Lottas die Kinderbuchwelt, etwa in der „Mein Lotta-Leben"-Reihe.

Natürlich hat man zu jedem Namen Assoziationen, auch durch Bücher und Filme. Es ist auch völlig in Ordnung, dass Menschen, die ihre Tochter Lotta nennen, damit etwas anderes verbinden – frisch, skandinavisch, frech – als jene, die ihr Kind Margarethe Elisabeth taufen. Dennoch sollte man es mit der Lindgren-Treue nicht übertreiben. Haben Lindgrens Übersetzer ja auch nicht, als sie den Namen > **Madita** erfunden oder den schwedischen > **Emil** zum > **Michel** gemacht haben.

Muss ein Michel unbedingt flachsblond sein, oder darf auch ein dunkler Junge oder Rotschopf so heißen? Und kommt als Name für Michels Schwesterchen wirklich nur > **Ida** in Frage? Dieses Beispiel ist nicht ausgedacht, das Geschwisterpaar stammt aus einer Familienanzeige im Hamburger Abendblatt. Einfacher wird die Namenssuche, wenn man sich auf das Lindgren-Universum beschränkt, das ist wahr. Aber auch arg vorhersehbar.

Mordsnamen im Norden

Was bist du groß geworden, kleiner Kalle! Und mit was für Abgründen du dich herumschlagen musst! Dabei erschien uns deine Welt einmal so idyllisch, voller Walderdbeeren, rot gestrichener Holzhäuser und Elche. Doch damit war es in den 90ern vorbei, zumindest für Erwachsene, als mit Henning Mankell der Boom skandinavischer Krimis und Thriller einsetzte. Natürlich brachten die blutrünstigen Schmöker Namen mit, von denen sich mancher – trotz der meist gebrochenen Charaktere – in den Köpfen festsetzte. Ihre Nachbarn haben ein Kind mit einem seltsamen nordischen Namen? Dann blättern Sie doch mal bei Jussi Adler-Olsen (Dänemark), Unni Lindell (Norwegen) oder Håkan Nesser (Schweden) nach! Jedenfalls sofern es sich bei Ihren Nachbarn nicht bloß um begeisterte Wintersport-Gucker oder Fjord-Touristen handelt.

In der Millennium-Trilogie von Stieg Larsson, die ab 2005 erschien, ist ein Nachname der Clou: Journalist Mikael Blomkvist wurde nach Lindgrens Meisterdetektiv benannt und hat sogar dessen Spitznamen Kalle geerbt. Dazu soll der Name der stärksten Figur der Reihe, der Hackerin Lisbeth Salander, von Kalles Freundin Eva-Lotte Lisander inspiriert worden sein; ihr Wesen entspricht aber eher dem einer düsteren, feministischen Pippi. Die Elisabeth-Variante konnte punkten: Dass Lisbeth 2012 in die Top 400 schoss, just nachdem der erste Teil der Trilogie mit Daniel Craig und Rooney Mara in die deutschen Kinos kam, ist bestimmt kein Zufall. Mikael ließ trotz der Nähe zu > **Mika** länger auf sich warten: 2015 wurde dieser Name erstmals in den deutschen Top 500 gesichtet.

Es gibt etliche Helden in Skandinavien-Krimis, deren Namen wie Lisbeth eher zu unserem Trend der Oma-und-Opa- als dem der Nord-Namen passen: Kurt Wallander von Mankell, Carl Mørck von Adler-Olsen, Dóra Gudmundsdóttir von Yrsa Sigurdardottir (Island). Ja, mitunter fallen die Namen der Autoren und von Nebencharakteren weitaus abgedrehter aus als die der Protagonisten, womöglich mit Blick auf internationalen Erfolg. Ob es nun gerade an Mankells introvertiertem Wallander liegt, ist fraglich; auf jeden Fall aber befindet sich der Name Kurt seit zehn Jahren im Aufwärtstrend (zuletzt Platz 177).

Nord-Krimi-Namen, die noch auf ihre Entdeckung warten, wären zum Beispiel Merete aus dem ersten Carl-Mørck-Band, Arto nach einem Ermittler von Arne Dahl oder auch Kommissar Erlendur von Arnaldur Indriðason (der eigenwillige Charme isländischer Namen kam jüngst in der Fußball-EM voll zur Geltung). Als eine, die es geschafft hat, trumpft seit einigen Jahren > **Smilla** in den Charts auf (2015 Platz 212). Da Smilla nur in Peter Høegs nun schon etwas betagtem Bestseller „Fräulein Smillas Gespür für Schnee" (1992) sowie dem dazugehörigen Film auftrat, also keine Serienfigur ist, dürfte sie sich von der Krimi-Assoziation recht gut gelöst haben. Ein Name wie ein Lächeln, die vage Erinnerung an Eiskristalle auf einem Buchcover … da könnte man fast wieder an die heile Welt im Norden glauben.

Im Norden werden die Trends gemacht

Viele Namen in diesem Buch sind typisch norddeutsch – sie werden besonders häufig in den Bundesländern Bremen, Hamburg, Mecklenburg-Vorpommern, Niedersachsen und Schleswig-Holstein vergeben. Wir wollten herausfinden, ob es generelle Unterschiede bei den regionalen Namensvorlieben gibt. Dazu haben wir zunächst die jeweils 50 häufigsten Jungen- und Mädchennamen für Nord- und Süddeutschland aus den Geburtsjahrgängen 2006 und 2007 ermittelt.

Jungen aus den Jahrgängen 2006 und 2007

Norddeutschland

1. Finn/Fynn	26. Jakob/Jacob
2. Ben	27. Jannik/Yannik
3. Jonas	28. Erik/Eric
4. Leon	29. Oskar/Oscar
5. Paul	30. Philipp/Philip
6. Luca/Luka	31. Mattis/Matthis
7. Luis/Louis	32. Linus
8. Lukas/Lucas	33. Ole
9. Max	34. Alexander
10. Noah	35. Till/Til
11. Elias	36. Liam
12. Felix	37. Anton
13. Maximilian	38. Karl/Carl
14. Henry/Henri	39. Theo
15. Tom	40. Hannes
16. Niklas/Niclas	41. Jona/Jonah
17. Tim	42. Marlon
18. Mats/Mads	43. Johann
19. Julian	44. Bennet/Bennett
20. Mika	45. Jonathan
21. Jan	46. Fabian
22. Emil	47. Jannis/Janis/Yannis
23. Lasse	48. Nico/Niko
24. Lennard/Lennart	49. David
25. Moritz	50. Jannes

Süddeutschland

1. Lukas/Lucas	26. Sebastian
2. Maximilian	27. Nico/Niko
3. Felix	28. Johannes
4. Luis/Louis	29. Florian
5. Jonas	30. Tobias
6. Leon	31. Daniel
7. Luca/Luka	32. Benjamin
8. Noah	33. Jonathan
9. Ben	34. Jannik/Yannik
10. Paul	35. Valentin
11. Elias	36. Benedikt
12. Julian	37. Leo
13. David	38. Jan
14. Jakob/Jacob	39. Anton
15. Moritz	40. Matteo/Mateo/Matheo
16. Philipp/Philip	41. Dominik/Dominic
17. Tim	42. Vincent
18. Simon	43. Hannes
19. Fabian	44. Adrian
20. Max	45. Emil
21. Raphael/Rafael	46. Tom
22. Finn/Fynn	47. Michael
23. Samuel	48. Henry/Henri
24. Niklas/Niclas	49. Erik/Eric
25. Alexander	50. Linus

Mädchen aus den Jahrgängen 2006 und 2007

Norddeutschland

1. Mia	26. Charlotte
2. Emma	27. Greta
3. Hannah/Hanna	28. Clara/Klara
4. Emily/Emilie	29. Mila
5. Leonie	30. Lia/Liah
6. Lea/Leah	31. Frieda/Frida
7. Nele/Neele	32. Zoe/Zoé
8. Lina	33. Melina
9. Lilly/Lilli	34. Alina
10. Sophia/Sofia	35. Merle
11. Marie	36. Mathilda/Matilda
12. Lena	37. Sarah/Sara
13. Anna	38. Finja/Finnja
14. Lara	39. Paula
15. Amelie	40. Josephine/Josefine
16. Pia	41. Lisa
17. Laura	42. Ella
18. Johanna	43. Julia
19. Emilia	44. Isabel/Isabelle
20. Luisa/Louisa	45. Jette
21. Ida	46. Amy
22. Maja/Maya	47. Jule
23. Sophie/Sofie	48. Lucy/Lucie
24. Leni	49. Carlotta/Karlotta
25. Lotta	50. Marlene

Süddeutschland

1. Mia	26. Magdalena
2. Sophia/Sofia	27. Theresa/Teresa
3. Anna	28. Alina
4. Emma	29. Katharina
5. Hannah/Hanna	30. Antonia
6. Lena	31. Jana
7. Laura	32. Franziska
8. Lea/Leah	33. Pia
9. Sarah/Sara	34. Paula
10. Marie	35. Annika
11. Leonie	36. Isabella
12. Emilia	37. Nele/Neele
13. Amelie	38. Melina
14. Luisa/Louisa	39. Charlotte
15. Emily/Emilie	40. Victoria/Viktoria
16. Sophie/Sofie	41. Marlene
17. Johanna	42. Nina
18. Julia	43. Helena
19. Lara	44. Mila
20. Lina	45. Maria
21. Lilly/Lilli	46. Emely/Emelie
22. Leni	47. Eva
23. Lisa	48. Lia/Liah/Lya
24. Maja/Maya	49. Chiara
25. Clara/Klara	50. Selina

Grundlage ist eine repräsentative Stichprobe aus den Geburtsmeldungen der Jahrgänge 2006 und 2007. Durch die Zusammenfassung von zwei Jahrgängen ist die Datenbasis groß genug für eine aussagekräftige Auswertung, sie umfasst ungefähr sechs Prozent der in diesen Jahren geborenen Kinder. Die Regionen Nord- und Süddeutschland haben wir für diese Auswertung so definiert, dass in beiden Regionen ungefähr gleich viele Namensträger erfasst wurden: Als Norden gelten somit die Postleitregionen 17 bis 29 und als Süden die meisten der Postleitregionen 70 bis 89.

Die regionalen Top-50-Listen haben wir zunächst mit den gesamtdeutschen Vornamenshitlisten des Jahres 2007 verglichen. Dabei stellte sich heraus, dass die Namensvorlieben der Eltern 2006/07 in Süddeutschland näher am deutschlandweiten Geschmack lagen als in Norddeutschland, sowohl bei den Jungen- als auch bei den Mädchennamen. Als nächstes haben wir die regionalen Listen der Jahrgänge 2006 und 2007 mit der aktuellsten überregionalen Liste von 2015 verglichen. Dabei zeigte sich ein überraschendes Bild: Die Werte für Süddeutschland sind für 2006/07 und 2015 sehr ähnlich. Die norddeutschen Hitlisten von 2006/07 dagegen ähneln der aktuellen Hitliste stärker als der von 2006/07. Demnach haben norddeutsche Eltern schon damals zum großen Teil Vornamen ausgewählt, die heute in ganz Deutschland populär sind. Offensichtlich werden die Vornamenstrends im Norden gemacht.

Loki, Michel und Sylta:
Etwas andere Hamburger Namen

Zwar kann man hierzulande sein Kind nicht à la Brooklyn Beckham nach Orten benennen. Trotzdem bestehen allerhand Möglichkeiten, Verbundenheit mit einer Stadt oder Region auszudrücken. Hier eine bunt gemischte, ganz subjektive Liste für Hamburger.

Alste – So könnten Töchter von begeisterten Wassersportlern heißen. Auch wenn der Name mit der Alster nichts zu tun hat, sondern friesische Kurzform von mit Adel- beginnenden Namen ist.

Elba – Das Pendant zu Alste könnte für eine Anspielung auf die gleichnamige Insel gehalten werden, von der sich der Name wohl auch ableitet.

Erna – Klein-Erna-Witze sind zwar aus der Mode, aber auch typisch hamburgisch (> **Erna**).

Fanny – Die Komponistin Fanny Hensel wurde 1805 als Fanny Zippora Mendelssohn in Hamburg geboren, ebenso wie ihr Bruder Felix Mendelssohn Bartholdy.

Hans – Diese > **Johannes**-Kurzform ist unumgänglich für Hanseaten, auch wegen Hans Hummel (Wasserträger) und Hans Albers (Schauspieler).

Heidi – für Frau Kabel, mit vollem Namen Heidi Bertha Auguste Kabel.

Jette – Die „Zitronenjette" (Henriette Johanne Marie Müller), eine kleinwüchsige Behinderte, gilt als tragikomisches Hamburger Original (> **Jette**).

Jil – Hanseatisch-puristisch, so wird der Stil der Hamburger Modeschöpferin Heidemarie Jiline Sander beschrieben. Puristischer als ihr dreibuchstabiger Rufname geht es kaum.

Loki – nicht nach dem nordischen Gott, sondern nach der früheren Kanzlergattin Hannelore „Loki" Schmidt, niedlich und zugleich markant. Geht auch für Jungs.

Michel – Ausnahmsweise steht hier mal nicht Frau Lindgren, sondern Hamburgs Wahrzeichen Pate, die evangelische Hauptkirche Sankt Michaelis (> **Michel**).

Pauli – Jungenname aus dem Dänischen, Schwedischen und Rätoromanischen. Perfekt für Fans des FC St. Pauli, denen Paul zu wenig ist.

Sylta – Wo verbringt der Hamburger gern sein Wochenende? Richtig! Warum da nicht die Tochter Sylta nennen? Die Mutter von Aktrice Sylta Fee Wegmann, Jahrgang 1987, hat den Namen allerdings aus einem Filmabspann.

Als Heidi Taline war.
Namen aus dem Ohnsorg-Theater

Ein dunkelroter Samtvorhang, davor ein andächtiges Publikum in seltsamen 70er-Jahre-Outfits, und natürlich Heidi Kabel auf der Bühne: Besonders in den 70er und 80er Jahren kam man an den TV-Aufzeichnungen aus dem Ohnsorg-Theater nur schwer vorbei. Der norddeutsch gefärbte Sprachmix, den man statt des Niederdeutschen fürs Fernsehen wählte, gilt bis heute als typisch hamburgisch. Ganz nebenbei transportierten die Schwänke und Komödien auch Namen in die deutschen Wohnzimmer. Wir haben bei einer Durchsicht von Klassikern über dreißig Perlen für Sie gesammelt, zum Staunen, Erinnern – oder gar als Kandidaten für Ihre Auswahlliste?

Ob die Kurzformnamen, die in größerer Zahl vertreten sind, damals offiziell vergeben worden wären, lässt sich pauschal nicht sagen. Meta zum Beispiel war ein eigenständiger Name, während in der Geburtsurkunde von Knecht Fiete vermutlich eher Friedrich gestanden hätte.

Aleid – Der Vorname der jungen Aleid Harms aus „Liebe Verwandtschaft" (1963) leitet sich wie > **Talea** von Adelheid ab.

Aline – Aline trägt in „Rum aus Jamaika" (1977) den sprechenden Nachnamen Flachmann. Aline ist eine Kurzform von Adeline.

Asmus – Asmus Broihan, Kaffeemakler und Liebhaber liederlicher Etablissements, tritt in „Vier Frauen um Kray" (1973) auf. Die Vollform seines Vornamens hat nur zwei Buchstaben mehr: Erasmus.

Diederk – „Diederk soll heiraten" hieß es 1966. Der Name ist ein Ableger von Dietrich.

Dele – Der volle Name von Kaffeemietje (Kaffee-Verleserin) Dele Rüsch („Vier Frauen um Kray") wäre wahrscheinlich Adele.

Elsbe – In „Meister Anecker" (1965) hat der Bürgermeister ein Auge auf die junge Elsbe geworfen. Ihr Name ist wie > **Elske** ein Kürzel von Elisabeth.

Erna – Raumpflegerin Erna Pieper („Frau Pieper lebt gefährlich", 1975), gespielt von Heidi Kabel, kann man als Miss Marple des Ohnsorg-Theaters bezeichnen (> **Erna**).

Fieke – Der Vorname von Fieke Harms („Liebe Verwandtschaft") ist eine friesische Form von Viktoria.

Fiete – Ob einfältiger Neffe („Die Kartenlegerin", 1964) oder hilfreicher Knecht auf den Spuren von „Charlys Tante" („Petrus gibt Urlaub", 1977) – > **Fiete** ist ein typischer Ohnsorg-Name .

Fine – Fine Kuhlendieks Name („Das Sympathiemittel", 1960) leitet sich von Josefine ab.

Gesa – Der Name von Gesa Wesseloh („Die Kartenlegerin") ist eine niederdeutsch-friesische Kurzform von Gertrud.

Gesine – Noch mal Gesa: Gesine Kreyenborgs Vorname („Wenn der Hahn kräht", 1976) erweitert die Gertrud-Kurzform.

Hanne – Hanne Knoop („Tratsch im Treppenhaus", 1962/66) ist eine herzensgute Putzfrau, ihr Name kommt von Johanna (> **Johannes**).

Hannes – Der arme Bauer Hannes Kulenkamp („Opa wird verkauft", 1961) soll ausgetrickst werden. Seine Name ist eine Kurzform von > **Johannes** (> **Hanno**, > **Johann**).

Harro – Harro Vanselow („Mutter Griepsch mischt mit", 1975) trägt einen echt friesischen Namen: eine Kurzform von Harmen und Harbert, die auf Hermann und Herbert zurückgehen.

Heiko – Kriegsheimkehrer Heiko Herkens („Verteufelte Zeiten", 1968) betätigt sich als Schwarzbrenner. Sein Vorname ist eine niederdeutsch-friesische Koseform von Heinrich.

Hein – Der Name Hein, noch eine niederdeutsch-friesische Variante von Heinrich, kommt in diversen Ohnsorg-Stücken vor.

Ida – Ida Bodendiek („Kein Auskommen mit dem Einkommen", 1966) ist eine weitere Paraderolle der Kabel (> **Ida**).

Jan – Bei dieser niederdeutsch-friesischen Form von > **Johannes** verwundert es nicht, dass sie mehrfach im Ohnsorg-Universum vertreten ist.

Jolanthe – Hübscher Name, denken Sie? Stimmt. In „Krach um Jolanthe" (1979) heißt so allerdings eine Zuchtsau.

Korl – Korl Ströper mischt in „Das Sympathiemittel" mit, ebenso wie ein Herr, der Korlluwig gerufen wird (> **Karl**).

Krischan – Hafenarbeiter Krischan Kattwinkel erfährt in „Das Herrschaftskind" (1972), dass er als Säugling vertauscht wurde. Sein Name ist die niederdeutsche Form von Christian.

Malwine – Den seltenen Vornamen von Malwine Sötje („Mein Mann, der fährt zur See", 1971) gibt es auch in der Operette „Das Schwarzwaldmädel".

Mandus – Mandus Sötjes Vorname („Mein Mann, der fährt zur See") ist eine Kurzform von Amandus.

Matten – Matten („Meister Anecker", 1965) ist eine niederdeutsche Variante von Matthias (> **Mattis**). Ein Hase namens „Lütt Matten" spielt in dem Gedicht „Matten Has" (Klaus Groth, 1858) die Hauptrolle, ein Jungen mit demselben Namen in dem DDR-Kinderklassiker „Lütt Matten und die weiße Muschel" (Benno Pludra, 1963).

Meta – Meta Boldt (Heidi Kabel) hält den „Tratsch im Treppenhaus" (1962/66) in Gang. Ihr Vorname ist eine Kurzform von Margareta.

Mieke – Mieke Hauschild („Liebe Verwandtschaft") will ihrem Neffen den Hof abschwatzen (> **Mieke**).

Mile – Der Vorname von Haushälterin Mile Haak („Vier Frauen um Kray") leitet sich von Emilie ab. Achtung: Mile ist auch ein serbokroatischer Männername.

Minning – Dieser Name (in „Das Sympathiemittel") ist eine Variante von Mina oder Minna, die auf Wilhelmine oder Hermine zurückgehen.

Schorsch – Schorsch („Opa wird verkauft") ist der eingedeutschte französische Georges (> **Georg**).

Taline – Mit dem estnischen Tallinn hat der Name aus „Verteufelte Zeiten" ebenso wenig zu tun wie mit einem verschliffenen „Tante Line": Taline ist eine Weiterbildung von Adelheid (> **Talea**).

Thees – Thees („Liebe Verwandtschaft") ist eine verkürzte Form von Matthäus (> **Thies**).

Tönjes – Der Name von Tönjes Dunkmeier („Rum aus Jamaika", 1977) ist eine niederdeutsche Kurzform von Antonius.

Trina – 1976 verkörperte Heidi Kabel gleich zweimal eine Trina, in „Frauen an Bord" und in „Wenn der Hahn kräht". Der Name ist eine Abkürzung für Katharina.

Wilhelmine – Noch eine populäre Kabel-Rolle: In „Die Kartenlegerin" prägte sie 1968 als Wilhelmine Lührs den Slogan der ARD-Fernsehlotterie: „Mit fünf Mark bin ich dabei!"

Willem – Willem Tamerlings Vorname („Wenn der Hahn kräht", 1976) ist nicht nur der des derzeitigen niederländischen Königs, sondern auch die niederdeutsche Form von Wilhelm.

Finn, Roland und Vesa: Namensinspiration aus Bremen

Über Becky für Töchter von Gerstensaftliebhabern oder Jacob für den Kaffeetrinkerspross wollen wir hier nicht lange fabulieren (nicht ohne Sponsoring!). Dafür sind uns in Stadtbild und Geschichte Bremens aber andere interessante Namen aufgefallen:

Alexander – „Sail away" unter grünen Segeln: Die Bark „Alexander von Humboldt", benannt nach dem Naturforscher, liegt als Gastronomieschiff an der Weserpromenade vor Anker.

Cato – Der Name der Bremer Widerstandskämpferin gegen den Nationalsozialismus Cato Bontjes van Beek (1920–1943) ist eine niederländische Kurzform von Katharina. Geht auch für Jungs.

Emma – Gräfin Emma von Lesum (um 975/980–1038) ist die erste namentlich nachweisbare Bremerin. Nach ihrem Tod wurde > **Emma** als Heilige verehrt.

Finn – Ob es im Bremer Stadtteil Findorff, benannt nach „dem Vater aller Moorbauern" Jürgen Christian Findorff, wohl mehr Jungen namens > **Finn** gibt als anderswo?

Friedo – Der in Bremen geborene Schriftsteller Friedo Lampe (1899–1945, eigentlich Moritz Christian Friedrich) wurde lange Zeit verkannt.

Gesche – Diese niederdeutsch-friesische Gertrud-Variante ist für Bremer ein rotes Tuch, wegen Gesche Gottfried, die im 19. Jahrhundert im Lauf etlicher Jahre 15 Menschen, die eigenen Kinder, Verwandte und Freunde, vergiftete.

Heini – „Heini Holtenbeen" (Jürgen Heinrich Keberle) wurde durch seine wunderliche Art und plattdeutsche Sprüche zum Stadtoriginal.

Lale – Die Bremerhavenerin Lale Andersen, eigentlich Liese-Lotte Helene Berta Bunnenberg, kam durch das Lied „Lili Marleen" zu Weltruhm. Die Namen Lale und **> Lili** wurden kürzlich im Bremerhavener „Zoo am Meer" an Eisbärinnen vergeben.

Paula – **> Paula** (Becker-Modersohn), Clara (Westhoff), **> Fritz** (Mackensen, Overbeck), Hermine (Overbeck-Rohte) … etliche der Namen, die in der Künstlerkolonie Worpswede vertreten waren, sind wieder sehr beliebt.

Roland – Der Name des Riesen auf dem Bremer Marktplatz darf hier nicht fehlen.

Tami – Der Spitzname von Reformpädagogin Maria Wilhelmine „Tami" Oelfken (1888–1957) soll von Schülern aus „Tante Mieze" gebildet worden sein. Es gibt Tami auch im Hebräischen, in Japan sowie als finnischen Männernamen.

Vesa – Eine denkbare Reminiszenz an die Weser wäre Vesa, ein albanischer Mädchen- und finnischer Jungenname. Auch die Schreibweise Wesa scheint möglich. Auch schön: der hebräische Name Jawesa („die Göttliche").

Von richtigen und rechten Namen

Was ist eigentlich ein „Gesinnungsname"? Und müssen Liebhaber nordischer Namen sich womöglich vor Schubladendenken fürchten?

Im Jahr 1941 erstritt ein Hamburger Vater sich das Recht, seinen Wunschnamen zu vergeben: > **Sven**. Sven?! Jawohl: Im Nationalsozialismus galt die Maxime: „Gute deutsche Vornamen für Kinder deutscher Volksgenossen" – Namen wie Sven, Björn oder Ragnhild gehörten ausdrücklich nicht dazu. „Vornamen, die ausgesprochenes Eigentum der nordgermanischen Völker – der Dänen, Schweden, Norweger usw. – sind, können nicht zu den deutschen Vornamen gezählt werden; sie sind nicht erwünschter als andere ausländische Vornamen", so schrieb es damals ein Standesamtsdirektor. Dagegen warf der streitbare Vater, langjähriges NSDAP-Mitglied und Träger des goldenen Parteiabzeichens, in die Waagschale, dass er seinen Sohn nach einem Freund aus Schweden benennen wolle, der seine politische und antisemitische Haltung teile. Das zog.

Zwar trugen Kinder von Nazi-Größen teilweise nordische Namen: > **Edda** Göring, Helga Goebbels, Gudrun Himmler. Allerdings hatten diese Namen in Deutschland Tradition. Ansonsten wählte man bevorzugt Althochdeutsch-Germanisches: Wolf Rüdiger Hess und bei den Himmlers Hildegard, Helmut, Holdine, Hedwig und Heidrun. Wenn heute ein Kind einen der genannten Namen erhält, wird damit keine bestimmte politische Gesinnung assoziiert. Ganz anders sieht es – und hier wird es nicht nur für historisch interessierte Eltern interessant – bei Vornamen aus der altgermanischen Götterwelt aus. Wenn Neonazis eine Familie gründen, wählen sie nämlich gern Namen, die einer Oper von Hitlers Lieblingskomponisten Wagner entsprungen sein könnten. Wotan, > **Freya** oder Siegfried zum Beispiel.

Doch Vorsicht: Das heißt nicht, dass man von diesen Namen Rückschlüsse auf die Gesinnung der Eltern ziehen kann! Trotzdem möchten wir Ihnen ein paar Punkte zum Nachdenken mitgeben:

- Das höchste Risiko, in die rechte „Schublade" gesteckt zu werden, haben Götternamen, besonders Odin bzw. Wotan und Thor. Götterchef Odin wird als Jesus-Ersatz verherrlicht, das Label „Thor Steinar" gilt als rechtes Erkennungsmerkmal. Daneben sollen Rechtsextreme einen Hang zu sperrigen althochdeutschen Namen wie Mechthild oder Bernward haben.

Zwei überlieferte Illustrationen zu Odin/Wotan

- Ableitungen von Thor – ein angehängtes e reicht schon – entschärfen den Namen; speziell im Norden fallen > **Torge**, Toralf oder Torbjörn nicht sonderlich auf.

- Freya ist schon lange als Vorname gebräuchlich, wurde also nicht erst von der rechten Szene entdeckt.

- Nach Skadi, Göttin der Jagd und des Winters, war ein Neonazi-Forum benannt. Dennoch dürften Eltern einer Skadi, wenn sie nicht gerade glatzköpfig in Springerstiefeln daherkommen, nicht für rechts gehalten werden.

- Baldur ist der Name eines Frühlingsgottes, aber auch von 1. Reichsjugendführer von Schirach, 2. einem rechtsextremen Mitbegründer der Grünen und 3. „Künstler-Vorname" eines NPD-Vorstands, der eigentlich Tobias heißt.

· Wählen Sie Zweit- und Geschwisternamen mit Bedacht. Wenn Sie Ihre Kinder > **Rasmus** und Tjorven nennen, „weil das so schön passt", denken andere, dass Sie großer Astrid-Lindgren-Fan sind (und schmunzeln höchstens, weil Tjorven ein Spitzname ist und „Würstchen" bedeutet) – na und?! Wenn Sie sie allerdings Freya und > **Thor(e)** nennen, „weil das so schön passt", kann es schon mal passieren, dass Ihre Familie in der rechten Ecke verortet wird. Kombinationen wie Freya und Mattis oder Thore und Lisbeth wären viel neutraler.

Wer, wie, was – Wiebke?!
Mit Nord-Namen im Süden

Gar nicht wenige Namen sind bis heute mit einer bestimmten Region verbandelt. Doch was, wenn es Ole oder Wiebke in Deutschlands Süden verschlägt? Kann ein Name „zu norddeutsch" sein? Wir haben Erfahrungen, Meinungen und Tipps für Sie gesammelt.

Dass jemand sein ganzes Leben in dem Landstrich verbringt, in dem er aufgewachsen ist, von Urlauben vielleicht abgesehen – das ist im 21. Jahrhundert extrem selten. Viele Eltern denken deshalb darüber nach, ob ihr Spross mit seinem Namen gut durch die Welt kommt. Dennoch greifen nicht alle zu stromlinienförmigen, am besten noch international funktionierenden Modenamen: Unsere Statistiken belegen, dass traditionelle Nord-Namen durchaus vergeben werden – oft aber wirklich häufiger im Norden.

Womit muss man mit einem Nord-Namen im Süden rechnen? Dafür ist die Geschichte von > **Wiebke** ein schönes Beispiel: Die Hamburgerin verbrachte für ein Praktikum einige Zeit in München. Als sie sich an ihrem neuen Arbeitsplatz vorstellte, wurde sie gefragt: „Und wie ist Ihr Vorname?" In Wiebkes Gesicht erschien ein Fragezeichen, schließlich hatte sie Vor- und Nachnamen genannt. Dann fiel der Groschen: „Die dachten, 'Wiebke' sei der erste Teil eines Doppelnachnamens."

Mutprobe Nord-Name
„Wiiieee heißt die?" Auf derartige Reaktionen sollte man gefasst sein. Schon ein auf Nordlichter so alltäglich wirkender Kindername wie > **Merle** kann in einem fränkischen Dorf für Irritation sorgen. Sie meinen vielleicht, angesichts von Multikulti-Einflüssen hätten Eltern heute Narrenfreiheit. Einerseits stimmt das auch. Auf der anderen Seite aber äußern viele ihr Befremden über ungewohnte Klänge. Das gilt zwar ebenso für die längst nicht mehr raren englischen Namen. Im Vergleich zu niederdeutschen

haben diese aber den Vorteil, dass wir mehr englische Filme und Serien konsumieren als skandinavische und in der Schule Englisch gelernt haben, nicht Plattdeutsch oder Schwedisch.

Ein Hingucker sind viele Nord-Namen im Süden allemal. Ob einem die Aufmerksamkeit und die Assoziationen dazu gefallen, kann nur jeder für sich entscheiden. So berichtet Kathrin aus Bayern von einer Familie aus ihrem Umfeld mit fünf Söhnen, „die haben alle nordische Namen, Ole, Emil, Mattis ... Dabei sind die Eltern von hier. Aber das passt zu dieser Familie, die sind 'anders', aber nicht im negativen Sinne."

Ein paar Hinweise für Sie:

· Je höher in der bundesweiten Hitliste der Name Ihres Herzens steht, desto weniger dürfte er die Menschen irritieren.

· Wenn skandinavische Bestseller Namen populär gemacht haben, ecken sie tendenziell weniger an. Allerdings gibt es Unterschiede: > **Ida** oder > **Madita** sind unkomplizierter als > **Lasse** oder Pelle.

· Ist ein Name eher selten, werden Vorbilder stärker mit ihm verbunden, zum Beispiel Lisbeth Salander beim Namen Lisbeth.

· Namen, bei denen nur Insider erkennen, ob es sich um Männlein oder Weiblein handelt, beispielsweise Heinke, haben ihre Tücken.

· Vorsicht bei ungewohnten Konsonantenclustern wie Tj-, Bj- oder Kj- – hier werden viele bei der Aussprache ihre liebe Not haben

· Gibt es einen bekannten Namen, der Ihrem seltenen Favoriten ähnelt? Dann werden Sie und Ihr Kind den öfter zu hören bekommen, zum Beispiel Silke statt Hilke.

- Gibt es Reime („Inken-Schinken") oder Wortspiele („Olé, Olé, Olé!", „Wurst-Pelle", „Leif is life, nanaaananana ..."), die sich aufdrängen? Achtung: Vor solchen Witzchen sind Sie auch im Norden nicht gefeit.

- Wo verlebt Ihr Kind die Jahre, in denen Kinder gern hänseln? Während ein kleiner **> Thore** in Bremerhaven unbehelligt bleibt und sein erwachsener Namensvetter sowieso überall klarkommt, kennt Klein-Thore im Südbadischen alle, wirklich alle Witze zum Thema Fußball.

Namen von A bis Z

Alva

♀ D: Platz 320 Nord-D: Platz 215

Astrid-Lindgren-Leser kennen Alva aus > **„Madita"**, ein Dienst-mädchen, das dabei viel besser wegkommt als die schlicht ge-strickte Lina in den > **„Michel"**-Büchern. Im Schwedischen ist Alva die weibliche Form des Namens Alvar (aus „alf" für „Elfe" und „heri" für „Kriegsschar"). Falls Sie spontan an Thomas Alva Edison gedacht haben: Alva ist auch ein hebräischer Männer-name.

Arne

♂ D: Platz 162 Nord-D: Platz 146

Das altdeutsche Sprachelement „arn", auf dem Arne basiert, be-deutet „Adler". Arne war in den 70er Jahren recht beliebt, aller-dings stammt der Großteil dieser Arnes aus Schleswig-Holstein. Mittlerweile ist der Name wieder in Mode, was vielleicht auch an Arne Friedrich liegt, der von 2002 bis 2011 in der Nationalelf aktiv war. Außer im Osten Bayerns wird Arne in ganz Deutschland gern gewählt.

Arvid

♂ D: Platz 435 Nord-D: n.e. (nicht ermittelbar)

Wer den Klang von David mag, sich aber einen ungewöhnliche-ren, nordischen Namen wünscht, der dazu noch im Alphabet im-mer vorn mit dabei ist, könnte Arvid in Erwägung ziehen. Dieser ist eine nordische Form des althochdeutschen Namens Arnvidh, der sich aus den Worten für Adler und Baum oder Wald zusammensetzt. Es wird gemutmaßt, dass damit poetisch ein Krieger umschrieben werden soll. Als König der Lüfte ist der Adler von alters her positiv besetzt, ihm werden Scharfblick, Mut und Kraft zugeschrieben. In Vorpommern kommt Arvid derzeit besonders gut an. Die Formen Arwed oder Arved – wie bei dem deutschen Abenteurer Arved Fuchs – kommen viel seltener vor.

Bennet/Bennett

♂ D: Platz 102 Nord-D: Platz 50

Zwar lässt sich Ben in den norddeutschen Bundesländern nicht toppen, doch auch der klanglich ähnliche Bennet, der in den 90er Jahren zuerst in Mode kam, hat dort viele Freunde. Wie bei Ben handelt es sich um eine englische Kurzform, die sich aber – da gesprochen wie geschrieben – problemlos mit deutschen Nachnamen kombinieren lässt. Während Ben das Kürzel des hebräischen Benjamin ist, steht hinter Bennet die Langform Benedikt, lateinisch für „Gesegneter". Auch die Variante Bennett kommt vor, jedoch sehr viel seltener: Auf jeden Jungen, der sich Bennett schreibt, kommen neun Bennets. Jane-Austen-Fans kennen Bennet als Nachnamen: von Elizabeth Bennet aus „Stolz und Vorurteil" (1813).

Bent

♂ D: n.e. Nord-D: Platz 258

Bent ist der dänische Benedikt (> **Bennet**) oder Kurzform von Bernhard (althochdeutsch für „Bär" und „hart"). Man trifft ihn vor allem im äußersten Nordwesten Deutschlands an. Ein Problem könnte sein, dass viele zunächst „Ben" verstehen. Zudem sollte man wissen, dass „bent" im Englischen ein umgangssprachlicher Begriff für „homosexuell" ist. „Hi, I'm Bent ..."

Bente

♀ D: Platz 495 Nord-D: Platz 247 ♂ D: n.e. Nord-D: n.e.

„Hi, ich bin Bente …" – hier drohen wieder Missverständnisse: Im skandinavischen Raum, vor allem in Dänemark und Schweden, ist Bente eine weibliche Form von Benedikt (> **Bennet**). In Deutschland wird dieser Name vor allem an der Nordseeküste vergeben. Doch Achtung: In Ostfriesland werden Jungen auf den Namen Bente getauft, der dann von Bernhard (> **Bent**) kommt.

Interview

Mein seltener Name und ich: Birka

♀ D: n.e. Nord-D: n.e.

Ist die Bedeutung von Namen wirklich wichtig – vor allem, wenn sie sich nicht intuitiv erschließt, sondern man beim ersten Hören an etwas anderes denkt? Der Name Birka ist dafür ein schönes Beispiel. Mögliche Assoziationen sind etwa …
… schlanke Laubbäume mit weißschwarzen Stämmen, Maigrün, Frühling
… Birk, der beste Freund von Lindgrens „Räubertochter" > **Ronja**

Tatsächlich handelt es sich beim Namen Birk, der in Skandinavien seit Beginn des 20. Jahrhunderts gebräuchlich ist, seinen Wurzeln nach wohl eher um eine alemannische Kurzform von Burkhard. In den 60er Jahren soll der Name über Skandinavien erneut nach Deutschland gelangt sein. Birk wird allerdings auch mit dem isländischen und schwedischen Mädchennamen Björk in Verbindung gebracht und bedeutet dort und auch als Vokabel im Dänischen eben doch „Birke". Birka und Birke sind die weiblichen Formen dazu. Für Jungen gibt es auch Birko. Zu allem Überfluss spucken manche Nachschlagewerke noch „Glänzende" aus.

So glänzend wie frisches Birkenlaub? Baum, Burg oder Glanz – sei's drum! Birka, Jahrgang 1968 und in Mecklenburg-Vorpommern aufgewachsen, mag ihren Namen. Besonders gefällt der in Dresden lebenden Buchhändlerin, „dass er beinhaltet, woher ich komme. Birka heißt auch ein Wikingerort auf einer schwedischen Insel. Ich komme gern aus dem Norden." Birkas Name wird mit kurzem i gesprochen. „Wie die Birke, nur mit a am Ende – das ist schnell erklärt." Weiß sie, wie ihre Eltern auf den Namen gekommen sind? „Meine Mutter kannte in Stralsund eine Birka und ihr gefiel der Name." Sie selbst hat auch schon andere Birkas getroffen. „Das ist immer etwas komisch. Eine ist in allem das Gegenteil von mir und stammt aus Leipzig. Irgendwie nimmt man an, dass andere mit demselben seltenen Namen ähnlich sein müssen wie man selbst – oder dass eine Birka zumindest nicht aus Sachsen kommen kann."

Manchmal wird sie Birki genannt. An Verhohnepipelungen kann Birka sich nicht erinnern: „Der Name lässt sich zum Glück schwer verhunzen."

Bjarne

♂ D: Platz 231 Nord-D: Platz 99

Bjarne ist das norwegische Pendant zum schwedischen Björn („Bär"), der besonders von 1970 bis 1990 beliebt war. Die meisten Bjarnes leben in Schleswig-Holstein, am häufigsten kommt der Name im gesamtdeutschen Geburtsjahrgang 2003 vor (Platz 56). Am derzeit bekanntesten Namensträger, dem 1968 in Hamburg geborenen Bjarne Mädel, kann das nicht liegen: Der Schauspieler erlangte erst 2004/2005 als „Ernie" in der Serie „Stromberg" größere Bekanntheit.

Bo

♂ D: Platz 445 Nord-D: Platz 227

Kurze Vornamen sind im Trend; nicht zufällig stehen Mia und Ben an der Spitze der gesamtdeutschen Hitliste. Es wurde sogar statistisch nachgewiesen, dass die Namen der Deutschen immer kürzer geworden sind. Drei Buchstaben sind einigen Eltern immer noch einer zu viel, anders ist der Erfolg des skandinavischen Namens Bo kaum zu erklären. Aus den altnordischen Sprachen hergeleitet bedeutet Bo „leben, (be)wohnen" und wird auch als „Sesshafter" gedeutet. Grundsätzlich können Jungen und Mädchen Bo heißen, als Jungenname kommt er aber viel häufiger vor.

Bosse

♂ D: Platz 305 Nord-D: Platz 130

Bosse hat zwei Herleitungen: als Koseform von > **Bo** in Schweden sowie als Kurzform von Borchard bzw. Burkhard (aus „Burg" und „hart, fest") im niederdeutschen Raum. In Schweden wird das o in Bosse eher wie ein u gesprochen. Hierzulande könnte der Name „bossy" (englisch für „herrisch") wirken, vor allem aber erinnert er an Astrid Lindgrens Bullerbü-Geschichten.

Interview

Mein seltener Name und ich: Delf

♂ D: n.e. Nord-D: n.e.

Den Namen Detlef (von „diot", „Volk", und „leiba", „Erbe") kennt jeder, obwohl man ihn weder bei den derzeit beliebtesten ersten noch bei den etwas traditioneller ausfallenden zweiten Vornamen finden wird. Weit gefehlt! Detlef hat das eine oder andere Problemchen: Man kann ihn „Dettlef" sprechen, aber auch „Dehtlef". Manchmal wird er als abwertende Bezeichnung für Schwule benutzt. Das soll sich Mitte der 60er Jahre aus Bundeswehr-Slang entwickelt haben. In der Neuen Deutschen Welle gab es dann die gesäuselte Songzeile „Detlev, ich bitte dich, geh doch für mich auf den Strich".

Der Name Delf – obschon Kurzform von Detlef – ist deutlich unbelasteter. Es kennt ihn bloß kaum einer. Dabei spricht vieles für ihn: kurz und markant, mit einem Anklang von klugen Meeressäugern sowie einem Elf, nicht so besetzt durch einen Alien wie Alf und nicht so dumpf wie Ulf. Unser Interviewpartner Delf, 1969 geboren, wuchs in der Nähe von Lübeck auf, mit einer älteren Schwester namens Kirsten. Sein Name sprang seine Eltern beim Durcharbeiten eines Namensbuchs an: „Jeder hat hinter seine Favoriten Punkte gemacht. Aus der Schnittmenge der Namen, die beide gut fanden, ist Delf als Sieger hervorgegangen." In der engeren Wahl war auch der damals populäre Karsten, der aber wegen des Schwesternamens ausschied. Interessant ist, dass die Seltenheit des Namens für die Eltern offenbar gar keine Rolle spielte.

Delf mag seinen Namen, „heute vielleicht sogar mehr als in Kindheitstagen". Ihm gefällt, dass er „eher selten und eher norddeutsch ist", so wird der überzeugte Norddeutsche nicht so oft verwechselt wie andere mit den typischen Namen seiner Generation. Sein Name wurde auch schon in die niederländische Ecke gesteckt – wegen des Delfter Porzellans. Delf hat eigentlich nur einen Kritikpunkt: „Manchmal finde ich meinen Namen sehr kurz." An negative Reaktionen kann er sich nicht erinnern, er hat auch keinen von seinem Namen abgeleiteten Spitznamen. Nur wenn jemand nicht genau hinhört oder hinsieht, wird aus Delf schon mal ein Detlef, Ralf oder Rolf.

Einen anderen Delf hat er noch nie getroffen. „Aber dank des Internets weiß ich, dass ich mit meinem Namen nicht allein auf dieser Welt bin."

Edda

♀ D: Platz 238 Nord-D: Platz 147

Edda ist die Kurzform von Namen, die mit Ed- beginnen, zum Beispiel Edwina („die ihr Gut Schützende"), kann aber auch ein eigenständiger althochdeutscher Name sein. Häufigste Assoziation zu Edda dürften zwei so benannte Sammlungen skandinavischer Götter- und Heldensagen sein, die im 13. Jahrhundert in altisländischer Sprache verfasst wurden.

Elin

♀ D: Platz 254 Nord-D: Platz 189

Elin – skandinavische Kurzform der griechischen Helena („Licht, Glanz, Schein") – zählt in Schweden derzeit zu den beliebtesten Namen. Die Aussprache ist allerdings nicht ohne: „Eelin", „Eliin", „Elinn" oder wie im Schwedischen eher „Jelin" sind hierzulande kursierende Varianten. Beim Bulgarien-Urlaub dürfte der Name für Befremden sorgen: Elin ist dort ein Männername.

Interview

Mein seltener Name und ich: Elske

♀ D: n.e. Nord-D: n.e.

Wie Elsa, die durch Disneys „Eiskönigin" wieder ins Gespräch kam, ist auch Elske ein Kürzel für Elisabeth („die Gott verehrt/ Gott geweiht ist" oder „mein Gott ist Fülle"), und zwar eine niederdeutsche Koseform. Die 1972 im Raum Schwerin geborene Elske, die wir befragen durften, heißt so in Anlehnung an ihre Oma Elisabeth: „Sie war im Jahr vor meiner Geburt gestorben. Meine Mutter wollte für mich einen ähnlichen Namen, Elisabeth empfand sie als zu alt. Außerdem sollte ich als erstes Kind etwas ganz Besonderes sein, deshalb der besondere Name." Fündig wurden Elskes Eltern in einem Namensbuch.

Elske stand mit dieser Wahl lange auf Kriegsfuß: „Ich habe meine Mutter zwischenzeitlich sogar dafür gehasst. Mein Name wurde ständig 'korrigiert' in Elke oder Else. Fast noch schlimmer fand ich Fragen wie: '... und wie ist dein Vorname?' oder 'Wer kommt denn auf einen solchen Namen?!'." Elske führt die Reaktionen auf die Verhältnisse im Osten zurück: „Das kommt eben dabei raus, wenn man nicht über den Tellerrand schaut." Bis zu ihrem 16. Lebensjahr war sie entschlossen, sich mit 18 einen neuen Namen zu geben, Heike vielleicht oder Sandra, Antje oder Kathrin. „Das war schön und unauffällig." Tatsächlich waren amtliche Namensänderungen zu DDR-Zeiten leicht machbar. So hieß die Autorin und Moderatorin Else Buschheuer, Jahrgang 1965, bis 1986 Sabine. Als Begründung für den Wechsel reichte aus, dass sie sowieso überall Else genannt wurde.

Doch dann kam die Wende, für Elske in doppelter Hinsicht: „Plötzlich waren alle offen und tolerant. Mein Name machte mich sogar ganz spannend." Seit damals mag sie ihren Namen. Dass Behörden nach wie vor eine Elke oder Else aus ihr machen wollen, wiegt längst nicht mehr so schwer. Da sie beruflich viel mit Menschen zu tun hat, wird Elske oft auf ihren Namen angesprochen. „Die meisten denken, ich komme aus Skandinavien. Andere fragen, woher der Name stammt, und finden ihn schön, interessant und eben besonders." In der dänischen Sprache ist „elske" das Wort für „lieben".

Emil

♂ D: Platz 15 Nord-D: Platz 14

Emil war zu Beginn des 20. Jahrhunderts bis in die 30er Jahre einer der häufigsten männlichen Vornamen. Seit Beginn des 21. Jahrhunderts ist der Name wieder angesagt und wurde sogar zum Paten eines Namenstrends, des „Emilismus" als Gegenpol zum „Kevinismus". Am beliebtesten ist Emil in Sachsen und Berlin, doch auch in Hamburg und Mecklenburg-Vorpommern hat er sich in den Top Ten etabliert. Der Name ist eine Variante des französischen Émile, der seinen Ursprung in dem altrömischen Geschlechternamen Aemilius hat. Aus dem Lateinischen hergeleitet bedeutet Emil „eifrig, wetteifernd, nachahmend".

In Norddeutschland ist der Name eng mit dem berühmten (für seine Bilder) und berüchtigten (wegen seiner Haltung zum Nationalsozialismus) Künstler Emil Nolde verbunden. Das Nolde-Museum in Seebüll ist eines der meistbesuchten Museen Nordfrieslands. Das bekannteste Namensvorbild ist aber Emil Tischbein, der Held aus Erich Kästners Roman „Emil und die Detektive" (1929).

Emil Nolde

Emma

♀ D: Platz 2 Nord-D: Platz 1

„Emma!!!" Mit diesem verzückten Ausruf schnappte bei „Friends" einst eine frisch gebackene Mutter ihrer Freundin den Lieblingsnamen weg. In Deutschland wurde die Folge 2003 ausgestrahlt und trug sicher ihr Quäntchen zum Emma-Revival bei, auch wenn es noch über zehn Jahre dauern sollte, bis es hieß: Emma ist der beliebteste Mädchenname Norddeutschlands. Besonders viele kleine Emmas leben derzeit in Vorpommern.

Doch die Spurensuche muss früher ansetzen. Aus dem Althochdeutschen stammend, startete Emma als Kurzform von Namen, die mit Irm- beginnen. Ihre Bedeutung: „allumfassend, groß". Daneben gibt es die Ableitung von Imme, „die Biene, die Fleißige". Zu Beginn des 19. Jahrhunderts wurde Emma durch die Ritterdichtung neu belebt, auch hundert Jahre später war sie populär: „Die Möwen sehen alle aus, als ob sie Emma hießen", dichtete Christian Morgenstern. Als Alice Schwarzer 1977 ihr Magazin „Emma" taufte, war der Name für Kinder nicht mehr existent. Schwarzer schreibt dazu:

> „Die ursprüngliche Idee war von einem Mann, er schlug EMA vor (wie Emanzipation). Ich machte EMMA daraus. Dieser Vorname war damals fast vergessen (jetzt ist er ja wieder in Mode). Mir gefiel an dem Namen das klassisch Weibliche, das Runde, das Gestandene. Und: Dass der Name EMMA einfach das Gegenteil war von den erwarteten Klischees."

Vom Magazin zum Kind, das gibt es auch: Ein Hamburger Vater verriet uns, dass eine bei der Gynäkologin ausliegende „Emma" den Anstoß für den Namen seiner 2008 geborenen Tochter gab. Lange Zeit wäre die Reaktion auf „Sie heißt Emma" wohl „Armes Kind!" gewesen. In den 70er und 80er Jahren hieß nur eine Emma: die Dampflok in Michael Endes „Jim Knopf und Lukas

Emma Watson

der Lokomotivführer". Jims Pflegemutter Frau Waas, Inhaberin eines kleinen Ladens für alles, hatte sicher nur deshalb keinen Vornamen, weil die Lok schon Emma hieß. Übrigens war „Tante-Emma-Laden" einst nicht eben nett gemeint: Emma war die einfache alte Frau von nebenan, die Gemischtwarenhandel betrieb. In Österreich gab es bis 2005 kleine Läden namens Emma, betrieben von der Rewe-Tochter Billa.

Emmas erneuter Aufstieg begann Mitte der 90er mit „Baby Spice" Emma Bunton. 1996/97 gab es gleich zwei Verfilmungen des Austen-Romans „Emma", mit Gwyneth Paltrow und Kate Beckinsale. Ab 2001 kam Jahr für Jahr ein neuer „Harry Potter" mit Emma Watson. Und noch ein Vorbild aus der Welt des Films: Emma Schweiger (Jahrgang 2002) war in „Keinohrhasen" und weiteren Streifen zu sehen.

Bis heute polarisiert Emma: Das Bild der alten Tante – sie hat es nicht ganz abgeschüttelt. Mit Emma kann man so manche Oma richtig schocken. Auf der anderen Seite passt ihr weicher Klang hervorragend in die derzeitige Mode. Emma ist auch in den USA sehr beliebt: 2013 stand sie dort wie damals auch in Deutschland auf Platz 2 der Hitliste. Im englischsprachigen Raum funktioniert Emma ebenso wie in Skandinavien, und vielleicht ist genau das ihr Geheimnis, das sie aus der Masse weniger beliebter alter Namen heraushebt.

Enie

♀ D: Platz 228 Nord-D: Platz 167

Ein Künstlername hat Enie populär gemacht: der von Moderatorin Enie van de Meiklokjes, die 1974 als Doreen Grochowski in Potsdam geboren wurde. Mancher schreibt den Namen auch Eni, so erinnert er noch mehr an den Modenamen Leni. Enie wird als friesische Form von Aenni und Anne („die Anmutige") gedeutet, aber auch als Kürzel des griechischen Namens Iphigenie („die Kraftvolle").

Enna

♀ D: Platz 180 Nord-D: Platz 87

Enna könnte eine Alternative für all jene sein, denen > **Emma** zu häufig ist. Allerdings ist deren Häufigkeit auch ein gewisses Problem: Obwohl Enna in Deutschland seit einigen Jahren häufiger vorkommt, insbesondere nördlich von Hannover, gibt es viele, die diesen Namen noch nie gehört haben. Denn wer hat schon eine Großtante namens Enna? Von einem Tante-Enna-Laden war noch nie die Rede, international existiert der Name ebenfalls nicht. Denkbar ist auch, dass Enna für eine eingedeutschte englische Anna gehalten wird – oder für eine umgedrehte Anne.

Und wie lautet jetzt die Wahrheit über Enna? Friesisch ist sie, das steht schon mal fest, und soll als Kurzform aus Namen wie Eneke und Enette entstanden sein. Diese gehen wie > **Enno** auf den altgermanischen Wortstamm „agi" zurück, dessen Bedeutung nicht so toll ist: „Schrecken". Enna-Eltern ist das jedoch egal, sie erfreuen sich an der Schlichtheit und Seltenheit ihres Lieblingsnamens. Außerdem kann man die Bedeutung, die hinter dem mädchenhaften Klang wie ein Schachtelteufelchen hervorspringt, auch gerade spannend finden. Enna – man sollte sie nicht unterschätzen.

Enno

♂ D: Platz 206 Nord-D: Platz 85

Enno ist ein friesischer Name und so verwundert es nicht, dass man ihn bis heute am häufigsten in Ostfriesland antrifft. Außerdem werden rund um Hamburg, Lübeck und Greifswald besonders viele Jungen Enno genannt. Aus der Hansezeit im 14. und 15. Jahrhundert ist Enno als Name von ostfriesischen Machthabern überliefert. Das erklärt aber nicht die heutige Beliebtheit des Namens in den Hansestädten, denn damals war das Verhältnis zwischen der Hanse und den Ostfriesen von militärischen Konflikten geprägt. Man kann Enno getrost als typisch norddeutsch bezeichnen, im Süden trifft man ihn nur selten an. Selbst dort würde es aber kaum Probleme mit dem Buchstabieren geben, denn Schreibvarianten sind nicht bekannt – ein großer Vorteil, fragen Sie mal > **Jannik**. Schrecklich ist die Bedeutung, denn Enno wurde wahrscheinlich als Kurzform von Namen gebildet, die mit dem germanischen Wortstamm „agi" beginnen. Und der steht für „Schrecken".

Erik/Eric

♂ D: Platz 33 Nord-D: Platz 28

„Erik der Wikinger" ist sprichwörtlich, dabei wird die gleichnamige Filmkomödie von Ex-Monty-Python Terry Jones aus dem Jahr 1989 als Flop gehandelt. Echte Wikinger hießen sowieso Eirík, wie die ursprüngliche Namensform in Runenschriften überliefert wurde. Seit dem Mittelalter gab es zahlreiche dänische und schwedische Könige namens Erik, Erik IX. brachte es zum Nationalheiligen. Heute kommt der Name unter erwachsenen Schweden am häufigsten vor, für Babys ist er in Skandinavien nicht mehr so beliebt. Auch die im englischen Sprachraum übliche Variante Eric wird in den USA und Großbritannien nicht mehr so häufig vergeben.

In Deutschland wird die Form mit k klar bevorzugt; im Norden wählten 73 Prozent der Erik-/Eric-Eltern diese Form. In Mode kam der Name bei uns in den 60ern und erreichte mit Platz 24 im Jahrgang 2011 seinen bisherigen Höhepunkt. Die Namensbedeutung ergibt sich aus dem nordischen Eiríkr, was sich aus „ei" („immer, ewig") und „ríkr" („Herrscher") zusammensetzt. Nebenbei bemerkt: In der türkischen Sprache bedeutet das Wort Erik „Pflaume".

Interview

Mein seltener Name und ich: Erko

♂ D: n.e. Nord-D: n.e.

Schon seine Großmutter bewies Mut bei der Namenswahl. Mut – und Erdverbundenheit? Jedenfalls gab sie dem Mädchen, das einmal seine Mutter werden sollte, den im 20. Jahrhundert sehr seltenen Namen Erdmuthe.

Er wurde 1968 in der Nähe von Flensburg geboren und bekam von Mutter Erdmuthe die ersten zwei, ja auch für Maskulinität stehenden Buchstaben vererbt. Die zweite Silbe seines Namens kannte man damals etwa von Heiko (1968 auf Platz 26) oder Marko. Doch das Resultat ist sehr selten: Erko. Dabei soll es sich um eine Kurzform von Namen handeln, die mit Erk- beginnen. Na, wie viele fallen Ihnen da ein? Der althochdeutsche Erkmar wird in Lexika genannt („jüngere Form von Erkenmar"), dessen Bestandteile vornehm und berühmt bedeuten. Mit Vornehmtuerei und Schnörkeln hat es unser Erko allerdings gar nicht. So fallen seine Antworten im Interview friesisch-knapp und klar aus:

– Magst du deinen Namen?
– Gute Wahl meiner Eltern! Keine Beanstandungen!

– Weißt du, warum deine Eltern dich so genannt haben?
– Meiner Mutter gefiel der Name. Manchmal ist es so einfach.

– Wolltest du mal anders heißen?
– Nein.

Erko hat zwei Geschwister, Annegrete und Gerrit (der friesische Gerhard). Dass sein Name im Ausland kein Problem ist, wundert ihn selbst ein wenig („wird nur ein bisschen komisch ausgesprochen"). Die typische Reaktion auf seinen Namen: die Frage „Wo kommt das denn her?". Namensvettern kennt Erko nicht, „nur Hunde, die nach mir benannt wurden." Gelegentlich gab es Versuche, einen Spitznamen zu etablieren. Sein mit De- beginnender Nachname verleitete zu „ErzwoDezwo". Doch der Name des Star-Wars-Droiden blieb nie wirklich an ihm hängen. Wozu auch? Erko – passt!

Erna

♀ D: Platz 437 Nord-D: n.e.

Erna ist nicht gerade im Gespräch, ganz im Gegenteil. Die einzige Erna, die in den Medien am Rande vorkommt, ist Erna Klum, Mutter von Heidi. Wobei bemerkenswert ist, dass eines der vier Klum-Kinder mit Zweitnamen nach Opa Günther heißt, aber keines Erna. Es ist ein Phänomen: Während Namen wie Ella, Frieda, Greta sich in den Top 40 tummeln und > **Emma** sogar auf Platz 2 thront, schaffte es Erna bislang nur auf Platz 437 und damit nach vielen Jahren überhaupt mal wieder in die Top 500. Ihre besten Zeiten erlebte Erna zwischen 1890 und 1920. 1901 erreichte sie das einzige Mal die Pole-Position der Mädchennamen. Ab 1960 gab es jahrzehntelang praktisch keine neugeborenen Ernas mehr. So reiht sich Erna ein in die Riege einst sehr populärer Namen, die eine um so rasantere Talfahrt hingelegt haben, bislang ohne Wiederkehr, Namen wie Heinz, Gertrud oder Berta.

Vielleicht ist es die Silbe Er-, die den Namen herber macht als aktuelle Elternlieblinge. Vielleicht die mitschwingende Bedeutung: Erna ist eine Kurzform von Ernesta, der weiblichen Form des althochdeutschen Ernst, welcher für Ernst, Sorge und Entschlossenheit im Kampf steht. Auf den ersten Blick wenig reizvolle Eigenschaften oder jedenfalls aus der Mode gekommene. Oscar Wilde nannte eine seiner bekanntesten Komödien „The Importance of Being Earnest" (1895): „Ernst sein ist alles". Tatsächlich gibt man seiner Tochter etwas Gutes mit, wenn man ihr wünscht, bei Bedarf für sich und andere beherzt eine Lanze zu brechen. Das hat sich nur noch nicht herumgesprochen.

Vermutlich ist auch „Klein Erna" schuld daran. Diese typische Hamburger Witzfigur wird auf Erna Nissen zurückgeführt, die Anfang des 20. Jahrhunderts in Schleswig-Holstein geboren wurde. Als diese als junges Mädchen ein Boot auf den Namen „Klein Erna" taufen sollte, zerbrach die Sektflasche nicht. Eine Anekdote, die von Ernas Brüdern und ihren Kameraden aus dem Segelclub gnadenlos breitgetreten wurde. Weitere erfundene Klein-Erna-Geschichten folgten. Die Schriftstellerin Vera Möller sammelte Klein-Erna-Witze, taufte die Hauptperson Erna Pumeier und gab die Geschichten über die typische Hamburger Deern 1938 als Buch heraus .

> Klein Erna is mit Pappa bei Hagenbeck, weil Mamma große Wäsche hat. Wie sie bei die Kamele sind, fragt Klein Erna: „Du, Pappa, heiraten Kamele auch?" Pappa: „Nua Kamele heiraten!"

1969 entstand sogar ein Film zu den Witzchen, „Klein Erna auf dem Jungfernstieg" mit Heidi Kabel, Harald Juhnke und Heinz Erhardt. Danach war der Name ausgereizt, wenn man von Wolfgang Lipperts Ost-Hit „Erna kommt" (1983) einmal absieht. Das gleichfalls bekannte „Klein Fritzchen" konnte sein Witz-Image leichter abschütteln (> **Fritz**). Doch aufgepasst: Erna kommt!

Femke/Feemke

♀ D: n.e. Nord-D: Platz 220

Femke gehört wie Frauke und Wiebke zu jenen Friesennamen, bei denen die Bedeutung auf der Hand zu liegen scheint: Feminin, Frau, Weib – all das meint man herauszuhören, die Endung -ke steht für Verniedlichung, also müsste es sich um Verkleinerungsformen weiblicher Wesen handeln. Vertieft man sich in die Materie, stellt man jedoch schnell fest, dass das zumindest strittig ist. Frauke etwa könnte sich auch vom althochdeutschen frawa („fröhlich, heiter") ableiten. Auch von > **Wiebke** gibt es Überraschendes zu berichten.

Die plattdeutsche Wikipedia schreibt zu Femke: „De Naam kümmt ut de Freesche Spraak. Dor heet Femme oder Famme (westfreesch feame) 'Deern'. Wenn een dor nu en Smusenaam vun maken will, denn so warrt dor dat Anbacksel -ke to'n lüttjer maken (as Diminutiv-Suffix) anbackt. Denn warrt dor Fammeke oder Femmeke vun. En beten afkört un tohopentrocken is dat denn Famke oder Femke. Dat heet denn 'Lüttje Deern'. "

Alles verstanden?! Femke wird als Verkleinerungsform altfriesischer Worte für „Mädchen" bezeichnet, ganz wie man es sich gedacht hatte. Andere Quellen sehen in Femke allerdings eine friesische Kurzform der griechischen Euphemia („guter Ruf, gutes Omen"). Eine dritte Theorie bezeichnet Femke als Koseform mit Fried- oder Fred- gebildeter Namen wie Friederike/Frederike, da diese im Friesischen mit Femma oder Femme abgekürzt würden. Die Bedeutung hätte demnach mit alten Vokabeln für „Frieden, Zustand der Freundschaft" zu tun. Um die Verwirrung komplett zu machen: Historisch sind auch Männer namens Femke nachgewiesen.

Auch bei der Aussprache besteht Uneinigkeit: manche Namensträgerinnen werden „Fehmke" gesprochen, andere eher „Femmke". Wer erstere Form wünscht, kann auf die Schreibweise

Feemke ausweichen. Ein Viertel der in den letzten Jahren geborenen Femkes/Feemkes wird so geschrieben, in Gesamtdeutschland noch weniger. Alternativ gäbe es noch die äußerst seltene Fehmke. Am häufigsten wird der Name Femke oder Feemke bis heute in Ostfriesland vergeben.

Fenja

♀ D: Platz 222 Nord-D: Platz 141

Fenja ist eine friesische und niederländische Koseformen von Namen, die mit Fried- beginnen oder mit -friede enden. In der nordischen Mythologie, der altisländischen Edda, ist Fenja eine Riesin mit übernatürlichen Kräften, die einmal zu den Walküren gehörte. Alternativ lässt sich der Name auch als russische Kurzform von Feodora (von Theodora, > **Theodor**) oder Marfa (von Martha, nach dem aramäischen Wort für „Herrin") deuten. Auch Feenja, Fenia und Fenya sind möglich. Die bisher höchste Platzierung in (Gesamt-)Deutschland hatte Fenja 2002: Rang 69.

Fiete

♂ D: Platz 133 Nord-D: Platz 49

„Wenn die Welt untergeht, so ziehe ich nach Mecklenburg, denn dort geschieht alles 50 Jahre später." Ob Otto von Bismarck oder wer auch immer diesen Spruch erdachte, ist egal, für die Welt der Namenstrends gilt er nicht. Im Gegenteil, so mancher aktuelle Modename wurde im Nordosten erstmals vergeben – so wie Fiete, ursprünglich ein Kosename für Männer, die amtlich Friedrich oder Friedhelm, althochdeutsch für „Frieden" und „Herrschaft, mächtig, reich" bzw. „Helm, Schutz", hießen. In Mecklenburg-Vorpommern (und nur dort) gehört dieser Name seit Jahren zu den am häufigsten vergebenen Namen (Platz 20 im Geburtsjahrgang 2009). Über Schleswig-Holstein und Hamburg breitete sich Fiete von Jahr zu Jahr im Rest Norddeutschlands aus und ist dabei, sich auch in südlichen Bundesländern zu etablieren.

Finja

♀ D: Platz 59 Nord-D: Platz 38

Finja ist der weibliche **> Finn**. Schluss, Punkt, aus, Ende? So einfach ist es mit diesem Namen, der in Deutschland seit den 90er Jahren regelmäßig vergeben wird, aber doch nicht. Schließlich gibt es zu Herkunft und Bedeutung von Finn schon verschiedene Theorien. Bei Finja kommen neben „Finnin" und „blond, weiß, hell" weitere hinzu: Als gesichert gilt, dass Finja eine russische Kurzform des Namens Rufina ist („Rote"). Außerdem wird sie mit **> Fenja** sowie mit Josefine in Verbindung gebracht, auf das Keltische („rein, schön, freundlich") und Baskische („fein, zärtlich") zurückgeführt; auf Ungarisch soll Finja „kleine Feine" bedeuten. Ein bunter Strauß teilweise strittiger Herleitungen, aber schön klingen sie allemal.

Ein einheitlicheres Bild ergibt sich in puncto Schreibweise: Finja trifft man wesentlich häufiger an als Finnja. Weitere Varianten – Finia, Finnja, Finya, Finnya – sind ausgesprochen selten. Sie möchten Finya mit y schreiben? Gut möglich, dass Sie dann ab und zu gefragt werden, ob Ihre Liebe mit Online-Dating bei Finya.de begann.

? Was habe ich mir dabei gedacht
„Der erste Name für unsere Zwillingsmädchen stand schnell fest: Annika gefiel uns auf Anhieb. Für unsere zweite Maus sollte es auch etwas Nordisches sein. Irgendwann warf mein Mann Sinja in den Raum. Ähm, neee ... Wir guckten dann die Top 100 durch und schmissen uns die Namen nur so um die Ohren. Dabei stolperten wir über Finja. Je öfter wir uns diesen Namen vorsagten, desto besser gefiel er uns."
Mutter von Finja und Annika, Jahrgang 2012, aus Köln

Finn/Fynn

♂ D: Platz 5 Nord-D: Platz 2

Finnland-verrückt? Irland-fixiert? Star-Wars-Fan? Alles möglich bei Finn-Eltern. Vielleicht ist es auch nur das helle, knappe Klangbild, das diesen Namen so beliebt macht. Fest steht: Finn ist einer der großen Newcomer unter den beliebtesten Vornamen. Vor 1990 wurde er in Deutschland nur vereinzelt vergeben. Seither hat er eine steile Karriere gemacht, von 2008 bis 2010 stand Finn in Schleswig-Holstein sogar auf Platz eins. Zu dem Namen gibt es zwei Herleitungen, eine nordische und eine irische. So bedeutet Finn einerseits „Finne, Angehöriger des finnischen Volkes", andererseits ist er in Irland als Variante des Namens Fionn bekannt („blond, weiß, hell"). Der Finne, der Blonde – da ist es direkt verwunderlich, dass der Name im restlichen Deutschland im Schnitt noch etwas beliebter ist als im Norden.

Die Schreibweise Fynn kommt vergleichsweise selten vor: nur drei von zehn Jungen namens Finn oder Fynn schreiben sich mit y. In den 70er und 80er Jahren konnte man Fynn allerdings in jedem zweiten deutschen Bücherregal finden: Der rührend-philosophische Bestseller „Hallo Mister Gott, hier spricht Anna" wurde unter diesem Pseudonym veröffentlicht. Zwei weitere prominente Namensträger sind Mark Twains „Huckleberry Finn" (1884) sowie Finn alias FN-2187, als abtrünniger Sturmtruppler einer der Helden aus „Star Wars: Episode VII" (2015).

Freya/Freja

♀ D: Platz 162 Nord-D: Platz 113

Eine Göttin, schön, klug und un-
widerstehlich, die goldene Tränen
weint und mit einem Zauber-
mantel fliegt wie ein Vogel – es
gibt schlechtere Namensvor-
bilder als die Göttin Freyja aus
der altnordischen Mythologie.
Diese galt als Gottheit der Liebe und Fruchtbarkeit, trug aber
auch kriegerische Züge. Ihr Name bedeutet schlicht „Herrin,
Herrscherin". Fast 90 Prozent der Mädchen, die in Deutschland
in den letzten zehn Jahren diesen Namen erhalten haben, werden Freya geschrieben. Auf Platz zwei: Freja. In Norddeutschland
ist diese etwas häufiger (17 Prozent Freja, 83 Prozent Freya),
was an der Nähe zu Skandinavien liegen dürfte: In Dänemark,
Schweden, Norwegen und Finnland trifft man häufiger auf Freja.
Außerdem gibt es dort noch Freia. Insbesondere in Island und
Norwegen kommt die am kompliziertesten anmutende alte Form
Freyja vor.

Wer seine Tochter so nennt, sollte auf gewisse Schwierigkeiten mit
der Aussprache vorbereitet sein: „Frei-ja" ist wohl die häufigste
Form, die sich viele Freyas/Frejas wünschen. Allerdings wurden
auch schon „Frehja", „Frej-ja" und „Fraja" vernommen. Zudem
führt der Klang gelegentlich zu Rotlicht-Assoziationen wegen des
Wörtchens „Freier". Auch gut zu wissen: Der Name findet bei
Neonazis Anklang. Natürlich kann man deshalb aber nicht vom
Kindernamen auf die Gesinnung der Eltern schließen (mehr dazu
> Von richtigen und rechten Namen). Zwei prominente
Trägerinnen geben dem Namen ohnehin eine gegenläufige
Note: Freya Gräfin von Moltke als Widerstandskämpferin
gegen den Nationalsozialismus sowie die DDR-Bürgerrechtlerin
Freya Klier.

Fritz

♂ D: Platz 121 Nord-D: Platz 124

Fischers Fritz fischt frische Fische, frische Fische fischt ... Da hört man doch schon, dass dieser Name an die Küste gehört! Einen norddeutschen Ursprung hat diese Kurzform von Friedrich („Friede" und „Herrscher") allerdings nicht. Wir kennen den Namen vor allem von alten Onkeln – bis etwa 1940 war Fritz einer der häufigsten Vornamen Deutschlands. Von 1965 bis 1999 herrschte „Fritz-Flaute". Mittlerweile wird der Name wieder vergeben, hat aber in Online-Diskussionen (und sicher nicht nur dort) das Zeug zum Aufreger. Gerade wer neue Modenamen favorisiert, reagiert auf Fritz mit „Nicht euer Ernst!" oder „Denkt doch an das Kind!".

Ein prominenter Namensträger ist „der alte Fritz", Friedrich II. von Preußen (auch „der Große"). Der Beiname stammt aus der späten Regierungszeit des Königs, als dieser sturer wurde. Außerdem darf der Mecklenburger Fritz Reuter (1810–1874) nicht fehlen, einer der bedeutendsten niederdeutschen Dichter. Reuters Fritz entstand aus dessen viertem Vornamen (was das heute für Verwirrung beim Kinderarzt auslösen würde!). Tatsächlich trug der Namensgeber diverser Schulen im Norden, der selbst mehr schlecht als recht durch die Schulzeit kam, die Namen Heinrich Ludwig Christian Friedrich.

Und dann gibt es natürlich noch die Fritzchen-Witze. Nie um einen Spruch verlegen, sagt immer, was er denkt – ob neue Fritz-Eltern sich das erhoffen? Anders als bei > **Klein Erna** ist beim witzigen Fritzchen kein bestimmtes Vorbild auszumachen. Die Witze gehen auf das 19. Jahrhundert zurück und sollen sich auf typische „Berliner Gören" beziehen. Fritz hießen eben nicht nur Könige, sondern auch viele ihrer Untertanen. Der Name wurde sogar international für die Deutschen eingesetzt, so wie die Engländer „Tommies" waren und die Russen „Iwans".

Der alte Fritz

Georg

♂ D: Platz 188 Nord-D: Platz 273

Prince George Alexander Louis of Cambridge

Georg mischt schon etliche Jahrhunderte in der deutschen Namenslandschaft mit, im Original ebenso wie in regionaltypischen Varianten. Etwa dem niederdeutschen Jürgen, zwischen 1935 und 1960 einer der beliebtesten Namen überhaupt, oder den ebenfalls norddeutschen Jörn und > **Joris**. Außerdem gibt es Georg-Ableger in vielen Ländern: York in Dänemark und England, Göran in Schweden, Juri in Russland ... Und die Bedeutung? Ist handfest und bodenständig: Georg basiert auf dem griechischen Wort für Bauer.

Der britische Prinz George, 2013 geboren, dürfte seinem Namen international Auftrieb geben, in England werden derzeit viele Jungen George genannt. Ein Name mit royaler Tradition und Bezug zu Norddeutschland: Im 18. und 19. Jahrhundert regierten in Großbritannien die aus dem Haus Hannover stammenden Könige Georg I. bis Georg IV. (dort natürlich als George). Auch Hannovers letzter König (bis 1866), der nie den britischen Thron bestieg, hieß Georg. Durch den Heiligen desselben Namens, Schutzpatron Großbritanniens, assoziiert man mit Georg zudem den „Drachentöter". Wer als Kind gern Enid Blyton las, könnte auch an George, eigentlich Georgina, von den „Fünf Freunden" denken, die man heute wohl als „Tomboy" bezeichnen würde.

? Was habe ich mir dabei gedacht

„Unsere Kriterien waren: weder in den aktuellen Top Ten noch in der Verwandtschaft vertreten, nicht mit s endend, weil unser Nachname so endet, und im Ausland nutzbar, also 'international aussprechbar'. Außerdem sollte der Name nur auf eine Art zu schreiben sein. 'Katrin ohne h und mit K, Stefan mit f' – so was nervt doch."
Mutter von Georg, Jahrgang 2015, aus Pinneberg

Hanno

♂ D: Platz 320 Nord-D: Platz 161

Ein karthagischer Heerführer und Herrscher in der zweiten Hälfte des dritten Jahrhunderts v. Chr.: das war Hanno der Große. Und dann gibt es noch Hanno Buddenbrook, den kränklichen, schüchternen Spross einer Lübecker Kaufmannsfamilie in Thomas Manns „Buddenbrooks" (1901). Ein größerer Kontrast als zwischen diesen Namensträgern ist kaum vorstellbar. Manns Figur heißt eigentlich Justus Johann Kaspar. Wenn er wie hier auf > **Johann** oder > **Johannes** zurückgeführt wird, bedeutet der Name „hat Gnade erwiesen".

Auch wenn man es ihm nicht anhört: Hanno kann auch Kurzform des althochdeutschen Hagen sein. In diesem Fall bedeutet er „Hain, Einhegung". Und noch mal zurück nach Karthago: Dort gab es im fünften Jahrhundert v. Chr. auch einen Entdecker, der Hanno hieß: Nach Hanno dem Seefahrer wurde 1935 sogar ein Mondkrater benannt. Einziges Manko des Namens: Mancher fühlt sich bei „Hanno!" an ein „Hallo!" erinnert. Hanno wird gerufen – und alle drehen sich um.

Hauke

♂ D: Platz 368 Nord-D: Platz 176

Frauke ist ein weiblicher Vorname, daran besteht kein Zweifel; „Herr Frauke" würde komisch klingen, oder? Meistens ist es mit den friesischen Vornamen leider nicht so einfach, denn viele können für Mädchen und Jungen gewählt werden. Das gilt grundsätzlich auch für Hauke. Tatsächlich wird dieser – eine Kurzform mit Hug- beginnender Namen, nach dem althochdeutschen „hugu" für „Geist, Verstand, Sinn" – aber fast ausschließlich als männlicher Name genutzt, obwohl er doch Frauke so sehr ähnelt. Denn: Er ist innig mit dem tragischen Helden Hauke Haien aus Theodor

Storms „Der Schimmelreiter" (1888) verbunden, und zumindest in Schleswig-Holstein macht wohl kein Schüler einen Abschluss, ohne diese Novelle kennengelernt zu haben. Haien ist zwar Nordfriese, trotzdem kommt Hauke heute in Ostfriesland und anderen niedersächsischen Regionen besser weg als in Schleswig-Holstein. Außerhalb Norddeutschlands werden nur sehr wenige Kinder Hauke genannt.

Hedda

♀ D: Platz 286 Nord-D: Platz 260

Seit etwa zehn Jahren gibt es wieder kleine Heddas. 2015 legte der Name, der 1890 durch Ibsens Drama „Hedda Gabler" bekannt wurde, nochmals tüchtig zu. Hedda ist eine friesische Kurzform des altdeutschen Namens Hedwig (aus „hadu" für „Streit" und „wig" für „Krieg, Kampf").

Hendrik

♂ D: Platz 187 Nord-D: Platz 162

Hendriks große Zeit waren die 80er und 90er. Der Name ist eine niederdeutsche und niederländische Form von Heinrich (**> Henry**). Doch Vorsicht: Es besteht Verwechslungsgefahr mit dem häufigeren Henrik (bundesweit Platz 144, im Norden Platz 137). Das wird auch in Klaus Manns Roman „Mephisto" (1936) thematisiert, dessen Hauptfigur sich Hendrik nennt, eigentlich aber Heinz heißt.

Henning

♂ D: Platz 245 Nord-D: Platz 203

Henning ist wie > **Henry**, Henrik und > **Hendrik** eine Kurzform von Heinrich, wie letztere stammt er aus dem Niederdeutschen. In den frühen 40er sowie den späten 70er Jahren wurde der Name besonders oft vergeben.

Henry/Henri

♂ D: Platz 13 Nord-D: Platz 8

Zwar heißen kleine Prinzen seit ein paar Jahren eher George. Trotzdem: Henry, männlich und niedlich zugleich, haftet etwas Royales an. Auch der britische Prinz Harry trägt eigentlich den Namen Henry, die englische Kurzform von Heinrich (von „hag" für „Einhegung, Hecke" und „rihhi" für „mächtig, reich"). In den letzten Jahren zog der Name mächtig an und erklomm bundesweit Platz 13, in Hamburg sogar Platz 1. Die Schreibweise mit y liegt mit 58 Prozent in Führung. Wir haben mit zwei Henry-Müttern und einem Henri-Papa gesprochen:

Der Vorreiter
Henry Nummer 1 wurde 2008 in Hamburg geboren. Seine Mutter Johanna (35) hatte sich von Anfang an auf ihren Lieblingsnamen eingeschossen und diesen bereits in der Schwangerschaft Familie und Freunden verraten. „Wir wollten einen Anfangsbuchstaben, den es in der Familie noch nicht gab. Außerdem gefiel uns, dass Henry kurz und leicht auszusprechen ist." Die Schreibweise mit y fanden Johanna und Papa Christian (40) einfach schöner. Seinen Spitznamen hat ihr Sohn sich selbst verpasst: Heni („Wir hätten nicht gedacht, dass man diesen Namen noch verändern kann"). Im direkten Umfeld der Familie gibt es keine Namensvettern. Der aktuelle Boom des Namens überrascht Johanna, stört sie aber nicht, da der Name im Jahrgang ihres Sohnes weniger häufig

ist (Platz 48). Henrys Schwester, die 2014 auf die Welt kam, heißt Mila.

Der kleine Bruder

Der zweite Henry, Jahrgang 2012, lebt mit Mama Anke (41), Papa Arne (44) und den Schwestern Mia (10) und Annika (7) im Rheinland. Schon in den früheren Schwangerschaften war Henry der auserkorene Jungenname. „Eigentlich gefallen mir norddeutsche Namen am besten", erzählt Anke. Ihr Mann mag es aber eher internationaler. Beide wollten einen kurzen Namen, der „zu einem Kind ebenso passt wie zu einem Erwachsenen" und im Ausland gut verstanden wird. „Sehr gradlinig, freundlich, einfach zeitlos", so beschreibt Anke den Namen, den sie früher zudem „besonders" fand. „Durch den Henry-Boom geht das leider ein bisschen verloren." Ansonsten sind ihr die „zwei oder drei" Henrys im Umfeld egal: „So hat Henry später wahrscheinlich nie das Problem, dass keiner seinen Namen kennt." Die Schreibweise Henri war ihrem Mann „zu französisch".

Das Regenbogenkind

„Zu französisch" gab es bei Henri, drei Jahre alt, nicht: Ein Großteil seiner Familie stammt aus Frankreich. Die Schreibweise stand deshalb fest, seine Eltern sprechen den Namen aber deutsch. Komplizierter gestaltete sich die Auswahl des Namens. Denn Henri hat eine Regenbogenfamilie: zwei Mütter und zwei Väter. „Wir haben lange diskutiert", erinnert sich Peter (47), der mit seinem Partner in Hamburg lebt. „Immer hatte eine oder einer einen Einwand, weil irgendein Schulfreund, Nachbar oder Haustier so hieß." Letztlich einigte man sich auf Henri, Luc, Louis und Josh und entschied nach der Geburt. Dass Henri so beliebt geworden ist, stört Peter schon etwas: „Dabei hatte ich extra auf die Liste der beliebtesten Vornamen geschaut." Die Reaktionen des französischen Teils der Familie waren verhalten: „Henri gilt dort als etwas altbacken und löst starke royale Assoziationen aus."

Ida

♀ D: Platz 28 Nord-D: Platz 18

Ida gehört zu jenen Namen aus Uromas Zeiten, die seit ein paar Jahren wieder einen starken Auftritt hinlegen. Zu Beginn des 19. Jahrhunderts wurde die im Mittelalter beliebte Ida erstmals wiederentdeckt. Von 1880 bis 1920 zählte sie dann zu den beliebtesten Mädchennamen Deutschlands. Der Name ist eine verselbstständigte Kurzform von Namen, die aus dem althochdeutschen Wort „itis", dem altsächsischen „idis" oder dem altnordischen „ídh" gebildet worden sind. Beispiel gefällig? Da gäbe es etwa Iduberga, Schutzpatronin der Schwangeren. Als Bedeutung von Ida wird „weise Frau, Seherin" oder „Göttliche" genannt, „ídh" bedeutet zudem „Werk, Tätigkeit". Eine gute Prise Skandinavien-Romantik steckt mittlerweile auch in dem Namen: weil die Schwester von Lindgrens > **Michel** Ida heißt.

? Was habe ich mir dabei gedacht

„Ich habe mich sieben Jahre vor Idas Geburt in ihren Namen verliebt, ein Teenager aus der Nachbarschaft hieß so. Altertümlich und besonders, klar und deutlich, dazu die Geschichten von Astrid Lindgren – all das gefiel mir sehr. Meine Eltern brauchten länger, bis sie mit dem Namen warm wurden, sie dachten dabei an eine dicke ältere Frau."

Mutter von Ida, Jahrgang 2008, aus Ahrensburg

Imke

♀ D: n.e. Nord-D: n.e.

Aus der plattdeutschen Wikipedia: „Anners, as een denken kann, hett de Naam Imke toeerst mal rein gar nix mit de Immen to kriegen. Ofschoonst dat jüst so utsehn deit, dat düsse Naam dorvun herkamen deit, stimmt dat nich."

Falls Sie des Plattdeutschen nicht mächtig sein sollten: Gemeint ist, dass Imke und die dazugehörige Koseform Imme nichts mit Bienen („Immen") zu tun haben. Es handelt sich um einen Gleichlaut, aber gerade deswegen sind diese Namen im Norden beliebt. Man kennt das von der in den 50er und 60er Jahren sehr populären Sabine, die auch nicht von den Bienen stammt, sondern von einer Region in Mittelitalien. Imke ist eine niederdeutsche und friesische Kurz- und Verkleinerungsform von Namen, die mit Irm- beginnen. Sprachgeschichtlich hat sich wahrscheinlich zunächst Irma herausgebildet, mit -ke wurde daraus eine Verniedlichung. In den 70er Jahren gehörte Imke zu den gesamtdeutschen Top 100. Allerdings ist der Name außerhalb Norddeutschlands kaum verbreitet. Heute wird er viel seltener vergeben.

Janna

♀ D: Platz 354 Nord-D: Platz 208

Janna ist wie > **Janne** eine friesische Kurzform von Johanna oder Marianne/Marianna, kann aber auch als biblischer Name hebräischer Herkunft gedeutet werden (von „jannai" für „Gott ruht").

Janne

♀ D: Platz 224 Nord-D: Platz 122 ♂ D: Platz 221 Nord-D: Platz 232

Ist's ein Junge, ist's ein Mädchen – bei Janne lässt sich das schwer sagen. Allerdings werden in Norddeutschland zur Zeit deutlich mehr Mädchen als Jungen Janne genannt. Der Name ist eine niederdeutsch-friesische Kurzform von > **Johannes/Johanna/ Johanne**, kann aber auch von Marianne abgeleitet werden; diese geht wohl auf den hebräischen Namen Mariam-ne (nach „mirjam" für „widerspenstig") zurück. Weniger Verwirrung herrscht in Finnland und Schweden: Dort zählt Janne zu den Männernamen. Ein bekannter Träger ist Skispringer Janne Ahonen.

Jannes

♂ D: Platz 125 Nord-D: Platz 64

Wer Jan zu kurz findet (machen Sie mal die Rufprobe – da wird schnell „Jaa-hann" draus) und Johannes allzu förmlich – ja, der könnte bei Jannes landen. Besonders in Schleswig-Holstein und Niedersachsen wird dieser Name gern vergeben. Allerdings kommt der ähnlich klingende Jannis, auch als Janis oder Yannis, insbesondere bundesweit häufiger vor (Platz 70, im Norden Platz 52). Damit ist auch schon ein Problemchen von Jannes benannt: „Egal, wie deutlich man spricht: Immer wieder schreiben oder sagen Leute Jannis", so eine Mutter aus Hamburg. Außerhalb Norddeutschlands dürfte sich das noch verschärfen: Während in norddeutschen Standesämtern Jannes und Jannis etwa gleichauf liegen, schreiben sich deutschlandweit zwei von drei Jungs namens Jannes oder Jannis mit i. Jannes hat zwei Herleitungen: erstens die augenfällige als friesische Kurzform von > **Johannes**. Zweitens ist Jannes ein biblischer Name griechischer Herkunft und bedeutet „Verführer". Die Variante mit i erinnert an den griechischen Johannes – Ioánnis oder Jánnis –, stammt aber aus den Niederlanden.

„Wir hatten auch über Jonah – deutsch gesprochen – nachgedacht. Aber als unser Sohn geboren war, mit stolzen viereinhalb Kilo, war er eindeutig ein Jannes. Ich empfinde den Namen als frisch, frech und jungenhaft. Außerdem ist ein Jannes für mich eher blond als dunkelhaarig."

Mutter von Jannes, Jahrgang 2008, aus Hamburg

Jannik/Yannick/Yannik/Jannick

♂ D: Platz 47 Nord-D: Platz 45

So viele verschiedene Schreibweisen wie Jannik können nur wenige Namen vorweisen. Die Aussprache ist stets gleich, die Bedeutung auch: Jannik und Co., seit den 80er Jahren in den deutschen Namenscharts zu Hause, leiten sich von **> Johannes** ab. Wie soll man sich da bloß entscheiden? Natürlich können Sie intuitiv vorgehen („Sieht schöner/richtiger/exotischer aus …"). Ansonsten hätten wir einige Hinweise für Sie:

1. Die Häufigkeit

Jeder zweite in den letzten Jahren in Deutschland geborene Junge, der „Jannik" gesprochen wird, wird auch so geschrieben: J-a-n-n-i-k. In Norddeutschland ist der Anteil noch etwas höher. Besonders viele Janniks leben in Mecklenburg rund um Schwerin. Natürlich kann man es langweilig finden, so geschrieben zu werden wie viele andere. Jedoch dürfte bei der häufigsten Schreibweise die Chance am größten sein, dass der Name richtig geschrieben wird. Allerdings muss ein „Jannik", in welcher Schreibweise auch immer, seinen Namen wohl ohnehin häufiger buchstabieren. Auf den Plätzen zwei bis vier in puncto Häufigkeit folgen Yannick, Yannik – so werden jeweils etwas über zehn Prozent geschrieben – und Jannick mit etwas weniger als zehn Prozent. Unter ferner liefen: Janik, Janick, Yannic, Janic, Jannic, Yanic, Yanik und Yanick.

2. Die Herkunft

Jannik ist ein dänischer Vorname sowie die niederdeutsch-friesische Koseform von Jann und passt somit besonders gut in den Norden. Yannik und Yannick stammen aus Frankreich, bekanntester Namensträger ist der 1960 geborene Yannick Noah. Darüber hinaus liegt das Y in Namen im Trend, sodass auch Eltern, die mit Frankreich oder dem Tennisspieler nichts am Hut haben, dieses vorziehen. Die Schreibweise Janik schließlich ist slowenisch oder eingedeutscht tschechisch und so zum Beispiel passend, wenn entsprechende Wurzeln vorhanden sind oder Geschwister Namen ähnlicher Herkunft tragen.

> **?** Was habe ich mir dabei gedacht
>
> *„Wir wollten einen unkomplizierten Namen, weil unser Nachname spezieller ist. Eigentlich waren wir auf ein Mädchen eingestellt, Jungsnamen fanden wir schwierig. Beim Wälzen verschiedener Namensbücher kamen wir auf nordische Namen und schließlich auf Jannik, der klang einfach nett. Wie wir ihn schreiben würden – 'normal' und einfach –, haben wir spontan auf dem Weg in die Klinik entschieden."*
>
> Mutter von Jannik, Jahrgang 2005, aus dem Raum Lübeck

Jarne

♂ D: Platz 425 Nord-D: Platz 209

Sie mögen > **Bjarne** und > **Jarno**? Dann ist vielleicht der noch etwas seltenere Jarne etwas für Sie. Diesen Namen trifft man vor allem in Belgien und den Niederlanden an. Seine Herkunft ist unklar, er wird mit dem biblischen Jeremias (von „jirmjahu", „Gott erhöht"), aber auch mit > **Georg** in Verbindung gebracht.

Jarno

♂ D: Platz 396 Nord-D: Platz 198

Nordischer Name mit Benzin im Blut gesucht? Dann könnte Jarno genau richtig sein, das ist die finnische Kurzform von Jeremias (von „jirmjahu", „Gott erhöht"). Und das Benzin? Kommt sogleich: Motorsport-Fans kennen den Namen von dem italienischen Automobilrennfahrer Jarno Trulli (Jahrgang 1974), der 1997 bis 2011 in der Formel 1 startete. Trulli verdankt seinen Namen der Tatsache, dass sein Vater sich für den 1973 in Monza tödlich verunglückten finnischen Motorrad-Weltmeister „The Flying Finn" Jarno Saarinen begeisterte. Seltener kommt der Name als Jarmo vor. Verwechslungsgefahr besteht aber eher mit dem häufigeren Jano (bundesweit Platz 277, im Norden Platz 169) – Jarnos r wird leicht mal verschluckt oder überhört.

Jasper

♂ D: Platz 155 Nord-D: Platz 96

Der Kasper und „Herumkaspern" werden beim Namen Jasper immer wieder ins Feld geführt. Jasper-Liebhaber müssen sich aber nicht grämen; immerhin hat der geschmähte Caspar/Kaspar unter Eltern von heute treue Freunde (Platz 302). An der Verbindung Jasper-Kaspar ist tatsächlich etwas dran. Bloß an den Spaßmacher vom Puppentheater sollte man nicht denken: Jasper ist die niederdeutsche, friesische und englische Form von Kaspar, einem der drei Weisen aus dem Morgenland (nach dem persischen „kansbar" oder „gazbar" für „Schatzmeister").

Um 2000 herum sah es danach aus, als ob Jasper zum Modenamen werden würde. 2006 stürzte der Name dann von den vorderen Rängen ab. Was war geschehen? Wir mutmaßen kühn: Der Schmöker „Die Mütter-Mafia" von Kerstin Gier (2005) brachte Jasper in Verruf. Weil sich nämlich zahllose Frauen über das Wortspiel im Buch („Japser" statt Jasper) amüsierten – und es danach nicht mehr aus dem Kopf kriegten. Doch es kamen wieder besse-re Zeiten: Der Bruder des Mütter-und-Töchter-Schwarms Edward Cullen in der „Twilight"-Saga verlieh Jasper zwielichtiges Sex-appeal. Der erste Band kam 2006 auf deutsch heraus, der erste Film 2009 in unsere Kinos. Anders als üblich wird Vampir Jasper Cullen natürlich englisch gesprochen.

Jella

♀ D: Platz 500 Nord-D: Platz 209

Jella wird einerseits als Kurzform von Gabriela/Gabriella gedeu-tet (vom hebräischen Gabriel, „Mann Gottes"), andererseits als friesische Ableitung von Namen, in denen das germanische „gild" („Opfergabe") vorkommt. Eine bekannte Namensträgerin ist Schauspielerin Jella Haase (Jahrgang 1992). Wer die denkbare Aussprache „Dschella" fürchtet, kann auf Yella ausweichen.

Jenke

♂ D: Platz 397 Nord-D: Platz 192

Jenke wie Wenke – also ein Mädchen? Nicht unbedingt: Jenke ist eine im Friesischen und Niederländischen geprägte Form von > **Johannes**, sehr selten auch von Johanna. Der derzeit wohl bekannteste Träger ist der RTL-Reporter Jenke von Wilmsdorff (Jahrgang 1965), der seit 2013 in der Reihe „Das Jenke-Experi-ment", Untertitel: „Der macht das wirklich", gesellschaftliche Themen wie Alkoholmissbrauch oder Armut am eigenen Leib ausprobiert.

Jesper

♂ D: Platz 358 Nord-D: Platz 181

Sie mögen die Japser-Assoziation von **> Jasper** nicht? Sie möchten näher an die englische Aussprache von Jasper? Dann käme Jesper – der dänische Jasper – in Frage, der allerdings auch mit deutschem J (nicht „Dschäsper") gesprochen wird. Bekannt ist etwa der dänische Familientherapeut Jesper Juul.

Jesse

♂ D: Platz 306 Nord-D: Platz 170

Jesse wie in Jesse („Dschessie") James? Schon möglich. Wie in dem alten Weihnachtslied „Es ist ein Ros entsprungen" kann dieser Name aber auch deutsch gesprochen werden: „... von Jesse kam die Art ...". In der Bibel ist Jesse („Geschenk Gottes") der Vater von König David. Achtung: Auch Mädchen können Jesse heißen, das kommt in Deutschland aber nur sehr selten vor.

Jette

♀ D: Platz 115 Nord-D: Platz 57

Jette ist ein Modename, und das in doppelter Hinsicht: Er spricht in Deutschland seit Ende der 90er immer mehr Eltern an, und vielen fällt schnell seine prominenteste Vertreterin ein, Jette Joop. Durch die Modedesignerin und Modedesignertochter wird es möglich, dass Jettes ihren Namen aufs Outfit gedruckt spazieren führen (ähnlich leicht wird es nur noch Mädchen namens Nike gemacht). Der Name hat sich aus dem französischen Namen Henriette, einer Variante von Heinrich („Haus, Heim" und „Herrscher"), entwickelt. Tatsächlich heißt auch die 1968 geborene Jette Joop amtlich Henriette.

? Was habe ich mir dabei gedacht
„*Ich wollte einen Namen, der nicht so mädchenhaft klingt, sondern als Kind zu einer Räubertochter passt und später zu einer starken Frau. Außerdem sollte der Name nicht allzu häufig, aber auch nicht exotisch sein. Mädchennamen, die auf -e enden, mag ich besonders gern.*"

Mutter von Jette, Jahrgang 2015, aus Bremen

Jette Joop

Johann

♂ D: Platz 54 Nord-D: Platz 31

Johann gehört zu den wiederentdeckten Namen, an denen sich die Geister scheiden. „Zu alt" oder „So heißen nur Butler", finden die einen, während andere schwärmen, der Name passe „zu einem süßen Windelpupser ebenso wie zu einem erwachsenen Mann". Ein bekannter Butler namens Johann ist bei Dagobert Duck angestellt. Hamburger Eltern ficht das nicht an: In der Hansestadt war der Name zuletzt sogar auf Platz zehn, in Schleswig-Holstein immerhin auf Platz 29.

Es gab diese leicht verkürzte Version von > **Johannes** schon im Mittelalter. Johann Sebastian Bach und Johann Baptist Strauss brillierten ebenso damit wie Johann Wolfgang von Goethe. Im 20. Jahrhundert ging die Beliebtheit zurück, die Wende kam erst in den 80ern. Wie Johannes ist Johann ein sehr internationaler Name mit Pendants in zahlreichen Sprachen, von Iwan über Shawn bis Yannic. Heidi Klum nannte ihr 2006 geborenes drittes Kind Johan. In dieser Schreibweise, die in Schweden sehr gebräuchlich ist und die ebenso gesprochen wird wie Johann, wirkt der Name auf viele frischer und moderner. Da Johann in Deutschland aber auch unter Babys deutlich häufiger ist, wird ein Johan mehr erklären und korrigieren müssen.

Johannes

♀ D: Platz 50 Nord-D: Platz 75

In der Bibel kommen zwei bekannte Männer namens Johannes vor: Johannes der Täufer und der Apostel Johannes, Jünger und mutmaßlicher Verfasser des Johannesevangeliums. Der Name hat griechisch-hebräische Wurzeln, die Bedeutung „der Herr hat Gnade erwiesen" steht für eine als Geschenk aufgefasste Geburt, ähnlich wie bei > **Mattis** und > **Theo/Theodor**. Ein berühmter Johannes wurde 1833 in Hamburg geboren: der Komponist Johannes Brahms. Heute wird der Name wieder gern vergeben, zu einem wirklichen Trend inspirierten bislang allerdings weder Johannes Strate, der 1980 in Bremen geborene Frontmann von „Revolverheld", noch der ein Jahr jüngere Popsänger Johannes Oerding. Ein kleines Manko des Namens ist die Redensart von der „Nase eines Mannes", Sie wissen schon …

John

♀ D: Platz 80 Nord-D: Platz 76

Auch wenn Jungen namens John heute überwiegend „Dschonn" gesprochen werden – diese Kurzform von > **Johann/Johannes** ist auch in deutscher Aussprache denkbar. Sie bezieht sich dann auf das Niederdeutsche und Friesische.

Der Name, den (englisch) etwa Robin Hoods Gefährte Little John, JFK oder John Lennon trugen, war in Deutschland schon Ende des 19. Jahrhunderts populär, vor allem im Norden.

Jonna

♀ D: Platz 169 Nord-D: Platz 74

Jonna ist erst seit Beginn des 21. Jahrhunderts in Deutschland gebräuchlich. Diese Kurzform der biblischen Johanna (> **Johannes**) stammt aus Dänemark, und wie so oft bei dänischen Namen hat sie sich zuerst in Norddeutschland etabliert. Wer Lindgren-Verfilmungen liebt, könnte Jonna mit > **Madita** in Verbindung bringen: Sie wurde von Jonna Liljendahl dargestellt.

Jonte

♂ D: Platz 142 Nord-D: Platz 51

Jetzt wollen wir Ihnen mal auf den Zahn fühlen: Was meinen Sie, ist Jonte …

a.) eine Figur in einem Krimi des schwedischen Autors Arne Dahl
b.) ein Produkt von Ikea
c.) eine Figur in einem Kinderbuch von Astrid Lindgren
d.) ein Fluss in Südfrankreich

Na? Eines können wir schon verraten: Jonte ist ein nordischer Vorname und in Schweden eine Koseform von Namen wie John (dort „Jonn" gesprochen), Jonas oder Jonathan. Jonte klingt deshalb vornherum auch wie Johann oder Jonas. Nimmt man **> Johannes** als Grundlage, bedeutet Jonte „der Herr hat Gnade erwiesen". Es gibt aber auch Hinweise darauf, dass er außerdem eine Variante des italienischen Dante („Ausdauernder") sein könnte. Bei Eltern in Schleswig-Holstein und Niedersachsen kommt Jonte besonders gut an. Auch wenn der Name fast nur an Jungen vergeben wird: Grundsätzlich dürfen auch Mädchen Jonte heißen (nach Johanne/Johanna). Und zu unserer Eingangsfrage: Bis auf b.) stimmt alles (aber was nicht ist, kann ja noch werden). Lindgrens Jonte kommt in den Kalle-Blomquist-Büchern vor.

Joost/Jost

♂ D: Platz 362 Nord-D: Platz 164

Den Namen, dessen niederländische Kurzform Joost ist, haben Sie an einem Kind vermutlich noch nie gehört. Eher kennen Sie ihn von einer Ente, deren erster Vorname Alfred und deren Nachname Kwak ist: Jodokus. Jodokus hat keltische und bretonische Wurzeln und kommt von „jud" für „Kampf, Krieger". Mitunter wird Joost auch als Kürzel von Justus („Gerechter") gedeutet. Die Schreibweise mit oo ist im Norden deutlich häufiger (sieben von zehn), dominiert aber auch deutschlandweit (sechs von zehn).

Joris

♂ D: Platz 136 Nord-D: Platz 53

Mit Joris hat sich in den letzten Jahren ein Newcomer die Vornamenscharts erobert, dessen ältere Formen in Deutschland schon lange bekannt sind: Joris ist eine niederdeutsch-friesische sowie niederländische Form der Namen > **Georg** und Gregor. Seine beiden auf manchen wohl etwas angestaubt wirkenden großen Brüder hat Joris aus dem Feld geschlagen. Insbesondere Gregor wird heute nur selten von Eltern ausgewählt. Georg und Gregor stammen aus dem Griechischen und bedeuten „Bauer" bzw. „Wachsamer". Beide wurden schon von Heiligen, Päpsten, einem Drachentöter getragen, was Babyeltern aber offenbar kaum mehr beeindruckt. Dagegen dürften der niederländische Fußballspieler Joris Mathijsen, Jahrgang 1980, und der 1989 in Stuhr bei Bremen geborene Sänger Joris Buchholz, der 2016 drei „Echos" gewann, mit für die zunehmende Beliebtheit ihres Namens verantwortlich sein.

Kalle

♂ D: Platz 303 Nord-D: Platz 204

„Mama, warum habe ich keinen richtigen Namen?" Von allein ist der Junge nicht auf diese Frage gekommen. Es hat sich so zugetragen: „Wie heißt du?" – „Kalle." – „Und wie lautet dein richtiger Name?"

Ältere Menschen (so ab vierzig) tun sich manchmal schwer damit, dass es heute gang und gäbe ist, Kindern Namen zu geben, die früher lediglich als Kose- oder Spitzname gebräuchlich waren. Kalle ist ein gutes Beispiel für einen Namen, der schon seit Generationen oft gehört, aber nur selten gelesen wurde. Unzählige Männer werden Kalle gerufen, obwohl in der Geburtsurkunde > **Karl** oder Karl-Heinz steht, siehe den Fußballer Kalle Rummenigge oder den Künstler Kalle Pohl; Lindgren-Leser kennen natürlich Meisterdetektiv Blomquist. Der aktuelle Trend zur Individualisierung führt unter anderem dazu, dass ehemals reine Kurzformen zu vollwertigen Namen befördert werden. Seit Beginn des 21. Jahrhunderts ist Kalle keineswegs mehr einzigartig. Besonders häufig wurde er in den letzten Jahren in Hamburg und Schleswig-Holstein vergeben.

Karl/Carl

♂ D: Platz 42 Nord-D: Platz 27

Karl Lagerfeld, Karl May, Karl Marx, Karl „Kalle" Blomquist und Karl-Friedrich Boerne – vom Modeschöpfer bis zum „Tatort"-Ermittler decken diese Herren ein breites Spektrum ab. In den 70er und 80er Jahren kam der kantig-knappe Kaisername bei Babyeltern allerdings gar nicht gut an. Vermutlich hatten die einfach zu viele Onkel und Großonkel namens Karl: In der ersten Hälfte des 20. Jahrhunderts war der Name extrem beliebt. Auch viele heute ältlich wirkende Doppelnamen wurden mit Karl gebildet. Wer mit der NDR-Puppenspielserie „Hallo Spencer" auf-wuchs, erinnert sich sicher noch an die dazugehörige Boyband, bestehend aus Karl-Heinz, Karl-Gustav und Karl-Otto. Mittlerwei-le hat Karl es wieder in die Top 50 geschafft. Auch seine Koseform > **Kalle** wird als eigenständiger Name vergeben.

Seine Bedeutung ist nicht genau geklärt. Karl könnte sich von dem althochdeutschen „kar(a)l" für „Mann, Ehemann" ableiten oder vom mittelniederdeutschen „kerle", „freier Mann". Womöglich handelt es sich auch um eine Variante von Hariolus, der auf die altgermanische Silbe Her-, „Kriegsschar, Heer", zurückgeht. Das germanische H wurde oft als C wiedergegeben, von da zum K war es nicht weit. Doch wie steht es überhaupt mit der Schreibweise? Bei heute geborenen Jungen überwiegt Karl: In Gesamtdeutsch-land werden 61 Prozent der auf Karl oder Carl getauften Jungen mit K geschrieben. In Norddeutschland stellt sich die Lage etwas ausgewogener dar: 57 Prozent der Eltern wählen die K-, 43 Pro-zent die C-Variante. Als „neumodisch" kann man Carl aber kaum bezeichnen, es gibt ihn in Deutschland schon lange. So wurde Automobilpionier Carl Friedrich Benz 1844 noch als Karl geboren, benannte sich jedoch in Carl um. Die in englischsprachigen Ländern gebräuchliche C-Schreibweise stand damals höher im Kurs.

? Was habe ich mir dabei gedacht
„Mein Opa hieß Karl, und in der Familie meines Mannes gab es den Namen auch häufiger. Außerdem habe ich als Au-pair in Schweden einen kleinen Karl betreut und fand den Namen damals schon schön. Allerdings heißt unser Sohn jetzt überall Kalle, das hatten wir auch so geplant. In Schweden hei-ßen alle Karls automatisch so. Falls ihm Kalle später mal zu kindlich ist, hat er ja immer noch Karl."
Mutter von Karl, Jahrgang 2013, aus Hamburg-Vierlanden

Keno

♂ D: Platz 347 Nord-D: Platz 147

„Cooler Name, ist das japanisch?" Vielleicht liegt es am Kendo, der Fechtkunst der Samurai, oder an Mode und Parfüms des Designers Kenzō. Eher unwahrscheinlich ist, dass an die historische japanische Provinz Keno gedacht wird. Doch wie dem auch sei: Es ist schon lustig, dass die Gedanken bei Keno so schnell nach Asien schweifen, wo er doch in Ostfriesland zu Hause ist. Fast alle Kenos, die in den letzten Jahren geboren wurden, stammen von dort. Keno ist das regionale Kürzel für Namen wie Konrad oder Kuno. Beide leiten sich vom althochdeutschen „kuoni" („kühn", tapfer") und „rat" („Unterstützung, Rat") ab. Über lauter Ostfriesenwitzen ist in Vergessenheit geraten, dass in Ostfriesland einst Häuptlinge an der Macht waren, zum Beispiel Keno I. tom Brok und dessen Enkel Keno II. tom Brok im 14. und 15. Jahrhundert.

Gut zu wissen: Es gibt auch – und da sind wir dann doch wieder in Asien – ein aus dem kaiserlichen China stammendes Glücksspiel namens Keno, das seit 2004 auch in Deutschland gespielt wird.

Kjell

♂ D: Platz 262 Nord-D: Platz 135

Wenn Sie einen Kjell treffen, dann ist der wahrscheinlich Schwede oder Schleswig-Holsteiner. Im nördlichsten Bundesland ist dieser Vorname seit 1995 gar nicht so ungewöhnlich, im Rest Deutschlands dagegen kaum bekannt. In Schweden, dem Herkunftsland des Namens, heißen auch (ältere) Erwachsene Kjell. Einen großen Unterschied gibt es bei der Aussprache: Die Konsonantenfolge Kj- am Anfang hört man nur in Deutschland, denn auf Schwedisch klingt Kjell eher wie „Schell". Kjell ist eine Kurzform des nordischen Namens Kjetil bzw. Kætill. Vom altnordischen „ketill" hergeleitet bedeutet Kjell „Opferkessel" oder „Helm".

Klaas/Claas

♂ D: Platz 225 Nord-D: Platz 111

Klaas Heufer-Umlauf

Klaas Klever kennt wohl jeder, der einst Disneys „Lustige Taschenbücher" verschlungen hat. Seit einigen Jahren gibt es neben dem Erpel mit Melone, Onkel Dagoberts meist unterliegendem Dauerkonkurrenten, ein weiteres Vorbild für den Namen: Klaas Heufer-Umlauf, 1983 in Oldenburg geboren, vom Moderatoren-Gespann Joko und Klaas. Der Ursprung des Namens liegt nahe: Er ist eine niederdeutsche Kurzform von Nikolaus (aus dem Griechischen von „nik", „Sieg", und „laos", „Volksmenge, Volk") und kommt auch als Claas, Clas, Klas, Claes und Klaes vor. Alle Formen werden gleich gesprochen, die letzten beiden aber praktisch nicht mehr vergeben. Am häufigsten sind Klaas und Claas, wobei Klaas knapp die Nase vorn hat.

Der Name ist klar im Norden verhaftet: 62 Prozent der Jungen, die zwischen 2006 und 2015 einen dieser Namen erhalten haben, wurden in einem norddeutschen Bundesland geboren. Echte Landeier könnten bei Claas auch an Traktoren denken – und Hamburger bei Clas seit Neuestem an ein schwedisches Kaufhaus.

? Was habe ich mir dabei gedacht
„*Wir haben in einem Café in Lüneburg Zeitungen nach Namen durchgesehen und sind dabei auf Klaas gestoßen. Ich mag norddeutsche Namen und trage selbst einen, der in München schon mal für Verwirrung gesorgt hat, weil man meinte, es sei mein Nachname. Allerdings hätte ich nicht damit gerechnet, dass Klaas buchstabiert werden muss, weil viele ihn sonst mit C schreiben würden.*"

Mutter von Klaas, Jahrgang 2008, aus Ahrensburg

Lars

♂ D: Platz 112 Nord-D: Platz 112

Bemerkenswert zeitlos, das ist Lars. Seit den 50er Jahren wurden immer mal wieder Jungen so genannt, nie besonders viele und nie besonders wenige. Anders als bei vielen anderen Namen kann man darum einem Lars das Alter nicht am Vornamen ablesen. Wie so oft bei nordischen Namen hießen zunächst vor allem norddeutsche Jungen Lars. Immer noch ist dieser Name im Norden sehr beliebt. Verhältnismäßig oft wird der Name aber auch in der Gegend von Trier vergeben. Kein Wunder, die Geschichte dieser Stadt ist ebenso mit dem alten Rom verbunden wie der Vorname Lars als schwedische Form des lateinischen Namens Laurentius (nach der altrömischen Stadt Laurentum). Oder liegt es doch an Lars von Trier, dem dänischen Filmregisseur? Bekannt gemacht hat seinen Namen auch der deutsche Unterhaltungskünstler Bürger Lars Dietrich. Seit 1992 ist ein Lars im deutschen Fernsehen zu sehen: ein kleiner Eisbär nach einem Kinderbuch des Niederländers Hans de Beer.

Lasse

♂ D: Platz 87 Nord-D: Platz 39

Lasse müsste eigentlich > **Bosse** heißen. Jedenfalls, wenn es nach den Büchern von Astrid Lindgren und dem „Boss"-Anklang von Bosse ginge. Der unangefochtene Anführer der Bullerbü-Kinder ist nämlich der älteste Junge, eben Lasse. Die meisten Jungen namens Lasse gibt es in Schleswig-Holstein. In seiner Heimat Schweden und Norwegen ist Lasse eher die Koseform von > **Lars** als ein eigenständiger Name. Daran – und an Bullerbü – dürfte es liegen, dass dem Namen etwas Kindliches anhaftet. Einige junge Männer namens Lasse berichten zudem genervt von Wortspielen und meinen, man solle lieber „niemanden nach einem Verb benennen". In den 90ern waren die „Lasse Reinböng"-Spots für Hustenbonbons ein ständiges Ärgernis. Längst bevölkern heute weitere Lasses die Kinderbuchwelt, zum Beispiel in der „LasseMaja"-Reihe von Martin Widmark (seit 2010). Darin betreiben zwei Kinder in einer schwedischen Kleinstadt ein Detektivbüro.

? Was habe ich mir dabei gedacht
„Ich habe den Namen nicht aus den Bullerbü-Büchern, die kannte ich damals gar nicht. Eigentlich fand ich Kolja oder Jerry gut, stand damit aber ganz allein. Ein Freund hat dann gemeint, ob Laszlo nicht was wäre. Den habe ich in einem Namensbuch nachgeschlagen – und direkt davor stand Lasse. "

Mutter von Lasse, Jahrgang 1988, aus Hamburg

Leif

♂ D: Platz 242 Nord-D: Platz 131

Leif wurde vom altnordischen „leifr" abgeleitet („Erbe, Nachkomme"). In Deutschland ist er seit den 70er Jahren verbreitet, gehörte aber nie zu den Modenamen. Mit Abstand am beliebtesten ist der Name in Schleswig-Holstein, insbesondere an der Nordsee. Vielen fällt gleich Leif Erikson ein. Der Isländer erreichte Anfang des 11. Jahrhunderts Neufundland und gilt darum als wahrer Entdecker Amerikas.

Lene

♀ D: Platz 149 Nord-D: Platz 80

Lena, Leni, Lene – das sind alles Kurzformen von Namen wie Helene oder Magdalena. Allen gemeinsam ist, dass sie zur Zeit sehr beliebt sind. Typisch norddeutsch, das gilt besonders für Lene, denn diese Variante kommt im Norden viel häufiger vor als anderswo. Eine bekannte Trägerin ist die norwegische Liederschreiberin und Popsängerin Lene Marlin (Jahrgang 1980).

Levin

♂ D: Platz 98 Nord-D: Platz 84

Die Bestandteile des alten deutschen Namens Liebwin bedeuten „lieb" und „Freund". Das klingt schön, trotzdem heißt kaum jemand so. Viel häufiger treffen wir auf die niederdeutsche Form Levin, die seit den 90er Jahren im Trend liegt. So spricht sich immer weiter herum, dass Levin nicht analog zu Kevin gesprochen wird, sondern „Lehwien". Gerade ältere Zeitgenossen vertun sich hier leicht. Die Variante Lewin kommt seltener vor, am beliebtesten ist sie in Bremen und an der Ostseeküste. Obwohl der Name aus dem Norden stammt, heißen in Baden-Württemberg besonders viele Jungen Levin. Im 16. Jahrhundert lebte in Niedersachsen der Holzbildhauer Levin Storch. Außerdem finden wir Träger dieses Namens im Stammbaum des niedersächsischen Adelsgeschlechts Bennigsen. Der prominenteste davon ist der 1745 in Braunschweig geborene Graf Levin August Theophil von Bennigsen, der an einer Verschwörung gegen den russischen Zaren Paul I. beteiligt war.

Levke

♀ D: Platz 252 Nord-D: Platz 91

„Kleine Liebe", „Liebchen" – das ist Levke, seltener auch Leevke geschrieben. Der Name stammt aus dem Friesischen und Niederdeutschen und geht auf den mittelniederdeutschen Wortstamm „lêf" für „lieb" zurück. Die Endung -ke drückt eine Verniedlichung aus wie im Hochdeutschen ein angehängtes -chen.

Lilly/Lilli/Lily/Lili/Lillie

♀ D: Platz 19 Nord-D: Platz 21

Lilly/Lilli macht sich seit den 90ern in Mädchen-Bücherregalen breit: Da gibt es die „Hexe Lilli"-Serie von Knister (zu der auch Kinofilme und eine Zeichentrickserie produziert wurden), seit 2004 die zuckersüße Welt der „Prinzessin Lillifee" von Monika Finsterbusch (inklusive Zeichentrick und viel Merchandising) und seit 2007 von Tanya Stewner die Reihe um „Liliane Susewind", kurz Lilli. Ein Hexenmädchen, eine Feenprinzessin, eine kleine „Tierdolmetscherin", da ist für fast jeden etwas dabei. Der Name passt zum Trend der weichen Kurzformen und kommt in Ostdeutschland besonders gut an. Kritiker empfinden ihn dagegen als zu „gelallt", zu sehr Babysprache – oder als zu rosarot. Anfang des 20. Jahrhunderts erfreute sich Lilly in Deutschland (und Lily in England) schon einmal großer Beliebtheit, eine prominente Trägerin ist Schauspielerin Lilli Palmer. Von 1940 bis 1990 war der Name dann eher out. Lilly leitet sich von der biblischen Elisabeth ab, nach dem Hebräischen „elischeba", „die Gott verehrt, die Gott geweiht ist" oder auch „mein Gott ist Fülle".

Doch welche Schreibweise soll es sein? In Überlegungen dazu könnten Sie Nach- und Geschwisternamen einbeziehen: „Lilly Willms" statt „Lily Willms", „Till und Lilly" statt „Till und Lily". Generell ist Lilly am unkompliziertesten, da heute mit fast

Lilli Palmer

70 Prozent am häufigsten. Auch die Becker-Gattin schreibt sich so (obwohl sie Sharlely heißt). Ein optischer Pluspunkt könnte sein, dass das y das von Parallelen beherrschte Schriftbild auflockert. Einem Viertel der Eltern gefällt aber Lilli am besten. Der doppelte Konsonant passt in jedem Fall zu den deutschen Ausspracheregeln. Deutlich seltener ist die blumige Lily – so lautet auch das englische Wort für Lilie. In den USA kam dieser Name ab 2002 in Mode, angeregt durch den ersten Harry-Potter-Film (Harrys Mutter heißt Lily). Auch in Großbritannien ist der Name seither im Aufwind. Bei uns auf den hinteren Rängen: Lili und Lillie. Lili kennt man im Arabischen als Kurzform von Leila („Dunkelheit, Nacht"). Außerdem gibt es einen Nord-Bezug: durch das Lied „Lili Marleen" der Bremerhavenerin Lale Andersen. Wie diese Lili geschrieben wird, scheinen die wenigsten zu wissen: Marleen ist (nach den unvermeidlichen Marie und Sophie) auch sehr beliebt als Zweitname zu Lilly und Lilli.

Linnea/Linea/Linnéa

♀ D: Platz 225 Nord-D: Platz 168

„Ich mag Blumen. Und Blätter und Stengel und Samen und Kerne. Ja, alles, was wächst, mag ich. Deswegen gefällt mir auch mein Name". So beginnt ein Bestseller der 80er Jahre, „Die schnellste Bohne der Stadt", mit dem die schwedische Autorin Christina Björk Kindern Lust aufs Gärtnern machen möchte. Die gezeichnete Hauptfigur Linnéa hat rosige Wangen, einen dunklen Pagenkopf und trägt Strohhut und ein weißes Schürzenkleid. Der im damaligen Deutschland exotische Name stammt von „einer kleinen rosa Blume, die im Wald wächst". Das Moosglöckchen (Linnaea borealis) gilt als Liebling des Naturforschers Carl von Linné, nach dem es benannt wurde. Der Schwede war Namensprofi: Er führte das System der zweiteiligen Benennung für Pflanzen- und Tierarten ein. Spätestens seit den 1840er Jahren war Linnéa als Vorname in Schweden bekannt, schaffte es aber erst um 2000 herum in die oberen Ränge der Hitliste. In Deutschland wird Linnéa seit den 80ern vergeben, dank der „Schnellsten Bohne der Stadt".

Am häufigsten wurde bei uns in den letzten Jahren die Form Linnea – ohne Akzent – gewählt: zwei von drei Mädchen mit diesem Namen schreiben sich so, vermutlich weil das Strichelchen alles nur verkompliziert. Auch die Zeitschrift „Eltern" macht indirekt Reklame für den Namen „ohne": Eine Linnea, Tochter einer Autorin, kommt seit 2007 regelmäßig vor. Zweitbeliebteste Schreibweise ist Linea, die auch als Variante der populären Lina (D: Platz 7, Nord-D: Platz 6) angesehen werden mag: Man findet sie bei etwas über 20 Prozent der Mädchen namens Linnea/Linea/Linnéa. Wer Italienisch kann, wird mit Linea, italienisch für „Linie", vermutlich nicht warm. Letzter Platz: Nur eines von zehn Mädchen wird mit Doppelkonsonant plus Akzent auf dem e geschrieben.

Liv

♀ D: Platz 148 Nord-D: Platz 103

Kurz, aber nicht so unkompliziert in der Handhabung, wie es scheint: das ist Liv. Man kennt diesen Namen in etlichen nordischen Sprachen, er wird aber bei gleicher Schreibweise unterschiedlich gesprochen. „Liff", „Lief", „Liew", „Liu" ... Leider wird in den Statistiken nicht erfasst, welche Aussprache die Eltern wünschen. Unser Eindruck ist: In Deutschland überwiegt „Liff" – doch es gibt Ausnahmen. 2003 erreichte der Name mit Rang 71 die bisher höchste Platzierung in den deutschen Charts. Beflügelt wurde der Trend durch die „Herr der Ringe"-Trilogie, die 2001 bis 2003 in die Kinos kam, mit Liv Tyler (amerikanisch „Liff") als Elbin. Der Name leitet sich vom altisländischen „hlif" („Wehr, Schutz") ab, wird aber auch oft mit „liv" („Leben") in Verbindung gebracht. Außerdem kann er als Kurzform von Olivia (nach dem Ölbaum, dessen Zweige ein Friedenssymbol sind) oder Livia (nach einem altrömischen Geschlechternamen) aufgefasst werden.

Madita

♀ D: Platz 188 Nord-D: Platz 149

Bei vielen, die in den letzten Jahren Eltern wurden, dürfte ihr Name wohlige Kindheitserinnerungen wecken: Madita ist eine Lindgren-Heldin voll verrückter Einfälle und mit einem goldenen Herzen, die mit einem Regenschirm vom Schuppendach springt, mit Schwesterchen Lisabet „Moses im Schilf" spielt und für den Bäckerjungen schwärmt. Die „Madita"-Bücher erschienen auf deutsch 1961 und 1976, im Dezember 1980 wurde die dazugehörige Fernsehserie erstmals bei uns ausgestrahlt.

Wer mit Madita liebäugelt, sollte wissen, dass es sich um eine Neuerfindung handelt und nicht etwa um einen traditionellen schwedischen Namen. Somit hat Madita keine eigentliche Bedeutung. Im Buch heißt es zwar, es handle sich um eine Ableitung von Margareta (wie > **Marit**), doch das gilt nur für die deutsche Fassung. In Lindgrens Original ist die Koseform von Margareta Madicken. Und so wie bei uns die Kreation der Übersetzerin, ist auch Madicken in Schweden mittlerweile zu einem eigenständigen Namen geworden. Astrid Lindgren hatte übrigens ein Vorbild: ihre Freundin Anne-Marie „Madicken" Ingeström, Tochter eines Bankdirektors.

Interview

Mein seltener Name und ich: Magne

♂ D: n.e. Nord-D: n.e.

Bei diesem Namen gerät man ins Schwimmen: männlich oder weiblich? Merke: Magne ist eine Variante von Magnus („der Große"). Die weibliche Form wäre Magna. Der 1998 in Sachsen geborene Magne kennt die Unsicherheit, die sein Name auslöst, längst, von Arztbesuchen oder von an „Frau Magne ..." adressierter Sparkassenpost. „In der Schule kam es auch ein-, zweimal vor, dass ein neuer Lehrer gefragt hat: 'Wo ist denn die Magne?'."

Ein Träger seines Namens war in den 80er Jahren populär: Magne „Mags" Furuholmen von a-ha. Im Original soll das -gne übrigens wie in „Champagner" gesprochen werden, das dürfte bei uns aber nur selten klappen. Magnes Eltern waren oft in Norwegen und Schweden und haben dort den Namen aufgeschnappt. „Da er ja auch nicht so alltäglich ist, hab ich ihn bekommen." Bei der Namenswahl für seine Schwester entschieden sich die Eltern wieder für eine Rarität, die dazu mit denselben Buchstaben beginnt wie Magne: Matea.

Magne ist mit seinem Namen zufrieden. „Eigentlich finde ich es sogar gut, dass er nicht so alltäglich ist. Da gibt es nie Verwechslungen mit Mitschülern oder Freunden." Gibt es Verulkungen oder Wortspielchen (Akne, Magnet, Mag nicht ...)? Magne verneint. Das sollte besorgten Namenssuchern von heute, die Verballhornungen durchdeklinieren, zu denken geben. Woher sein Name kommt oder wie seine Eltern darauf gekommen seien, wird häufiger gefragt. „Es passiert auch schon mal, dass mich neue Leute mit Magnus ansprechen, weil das einfach geläufiger ist."

Hat er einen Spitznamen? „In der Familie nicht. Ein Teil meines Freundeskreises nennt mich Schmäggi. Das entstand über eine Verniedlichung zu Mäggi. Aber damit hab ich keine Probleme, ich finde das eher witzig." Mit zwei Mitschülerinnen ist der Gymnasiast selbst unter die Namenskundler gegangen, für die Sozialfacharbeit der 12. Klasse. „Wir forschen zu ungewöhnlichen Namen und den Erfahrungen, die Menschen damit machen. Dabei interessiert uns, ob Zeitgeschmack, familiäre Gründe oder Aufwachsen in Ost oder West bei der Wahl eine Rolle gespielt haben." War Magnes Name Auslöser für dieses Thema? „Überhaupt nicht. Mir ist erst einige Zeit, nachdem wir uns entschieden hatten, aufgefallen, dass er eigentlich perfekt dazu passt."

Malin

♀ D: Platz 236 Nord-D: Platz 145

Auch für diesen Namen gibt es ein Vorbild im Lindgren-Universum: Die hübsche 19-jährige Malin Melcherson aus „Ferien auf Saltkrokan" – blond, grünäugig, sanftmütig und klug – kümmert sich um ihre mutterlosen Geschwister und den Vater. „Ferien auf Saltkrokan" entstand 1964 als Fernsehserie nach einem Drehbuch von Astrid Lindgren, die den Stoff auch zu einem Roman verarbeitete. Ein durchschlagender Erfolg, nicht zuletzt für den Namen: Noch fünfzig Jahre später berufen sich Malin-Eltern auf ihre Lieblingsserie. Vermutlich ist es auf das Alter vieler „Saltkrokan"-Fans zurückzuführen, dass Malin um die Jahrtausendwende herum ein Hoch erlebte: Sie stand damals mehrfach in den deutschen Top 100.

Malin ist die schwedische Kurzform von Madelene/Madelin, Varianten des Namens Magdalena („Frau aus Magdala", „Erhabene"). Uneinigkeit besteht hierzulande über die Aussprache: Viele sagen „Maalin", es gibt jedoch auch „Malien" sowie – dem schwedischen Original nacheifernd – „Morlin". Korrekt sei auch Letzteres nicht, bemängelt eine 70-jährige Schwedin in einem Online-Kommentar und erläutert: „Das 'a' wird bei uns 'dunkel' ausgesprochen, wie das 'a' im englischen 'are'." Im südslawischen und englischen Sprachraum heißen auch Männer Malin.

? Was habe ich mir dabei gedacht
„*Wir wollten einen schlichten Namen, dem man den Geburtsjahrgang nicht unbedingt zuordnen kann. 'Ferien auf Saltkrokan' ist eines meiner Lieblingsbücher. Ich bringe den Namen vor allem mit dem schwedischen Sommer in Verbindung: duftendes Gras, Wind, Himbeeren, Wiesenblumen. Einzig das Thema Aussprache ließ uns zögern. Mittlerweile kennen wir weitere Malins, die sich alle deutsch aussprechen, sogar eine Schwedin.*"

Mutter von Malin, Jahrgang 2015, aus Schwaben

Malte

♂ D: Platz 88 Nord-D: Platz 58

Helmold – schon mal gehört? Die Bedeutung dieses althochdeutschen Männernamens setzt sich aus „Schutz, Helm" und „walten, herrschen" zusammen. Aus der Kurzform dieses Namens wurde im Dänischen und Schwedischen der Name Malte, in Dänemark kennt man auch Malthe und Molte. Helmold kam nach einem Ausflug ins Skandinavische also undercover zu uns zurück. Zum deutschen Modenamen wurde Malte in den 70er Jahren. Mittlerweile lässt seine Beliebtheit etwas nach. In die Literaturgeschichte hielt er bereits 1910 Einzug: durch „Die Aufzeichnungen des Malte Laurids Brigge" von Rainer Maria Rilke. Die Titelfigur dieses Romans, ein verarmter Adeliger, versucht sich in Paris als Dichter. Wenn man dem Namen etwas vorwerfen wollte, dann vielleicht seine Nähe zu „malen" und der etwas verwirrende Eindruck, den Sätze wie „Malte malte ein Bild" hervorrufen.

? Was habe ich mir dabei gedacht

„Wir haben uns bewusst für nordische Namen entschieden, weil sie uns gefallen und eher wenig Kinder bei uns so heißen. Es sollte etwas Zweisilbiges sein, da unser Nachname schon vier Silben hat. Wir mögen das M als Anfangsbuchstaben; mein Mann hat das auch. Ich war mir recht schnell sicher, dass Malte der richtige Name ist. Auch die Bedeutung gefiel mir."

Mutter von Malte, Jahrgang 2008, aus dem Raum Nürnberg

Marit

♀ D: Platz 312 Nord-D: Platz 193

„Mette-Marit, ich liebe dich!": Die Ansprache des norwegischen Kronprinzen im Jahr 2001 wärmte die Herzen. Ganz gewiss sind nicht alle Marit-Eltern Fans der blonden Mette-Marit, die als bürgerliche Alleinerziehende in das Königshaus stolperte. Doch ab der royalen Hochzeit hatte man ihren Namen im Ohr. Ein rosarüschiger Prinzessinnenname ist Marit nicht – vergleichen Sie ihn nur mal mit dem Dauerbrenner Marie: Der geänderte Auslaut macht den Unterschied. Seine bekannte Trägerin ist aber ja auch keine 0815-Prinzessin, sondern zeigt Ecken und Kanten. Marit ist eine Kurzform für Margarete, die neben Marit ziemlich alt aussieht, lateinische und griechische Wurzeln sowie eine hübsche Bedeutung hat: Perle. Aus Schweden und Norwegen kommend, hat Marit es schon vor Jahren unter Deutschlands beliebteste Vornamen geschafft. Lediglich von 2005 bis 2007 war sie weniger populär. Die meisten Marits leben im Nordwesten Deutschlands.

? Was habe ich mir dabei gedacht
„Eigentlich haben mir immer wieder andere Namen gefallen, unter anderem Levke, doch da hat mein Mann nicht mitgezogen. Marit war irgendwann Favorit. Durch die bekannten Persönlichkeiten dieses Namens – Mette-Marit, Marit Bjørgen, Marit Larsen – ist er nicht zu exotisch. Außerdem fanden wir es schön, dass unsere Tochter so dieselben Initialen hat wie ihr Bruder Malte."
Mutter von Marit, Jahrgang 2013, aus dem Raum Nürnberg

Marten

♂ D: Platz 217 Nord-D: Platz 113

Martin (ja, mit i) war in den 70er Jahren zwar besonders beliebt, zählt heute aber dennoch zu den zeitlosen Namen, die kaum Rückschlüsse auf das Alter zulassen. Der Name leitet sich vom altrömischen Beinamen Martinus nach Kriegsgott Mars ab. Seine gute Platzierung (heute bundesweit 139) verdankt er sicher auch St. Martin. Im evangelischen Norden wird Martin (Platz 205) jedoch von seiner niederdeutsch-friesischen Variante ausgestochen. Besonders in den 90er Jahren war Marten in Mode. Viel seltener trifft man auf den in den Niederlanden verbreiteten Maarten.

Mathilda/Matilda

♀ D: Platz 27 Nord-D: Platz 20

Ursprünglich stammt Mathilda aus dem Althochdeutschen, die Namensbestandteile bedeuten „Macht" und „Kampf". Mathilda ist in Deutschland recht modern, seit 2005 liegt sie im Trend. Vor hundert Jahren dagegen war Mathilde die weitaus beliebtere Variante. Die klassisch wirkende Schreibweise Mathilda wird heute etwas häufiger vergeben als die tendenziell frischere oder internationalere Matilda. Allerdings haben wir auch schon von Eltern gehört, die das h verschmäht haben, „damit sie nicht mit Hilda abgekürzt werden kann" (vielleicht doch ein wenig weit hergeholt). Die meisten Mathildas und Matildas kommen derzeit in Hamburg zur Welt.

Einen Schubs in Richtung Modename könnte Matilda die gleichnamige Filmkomödie von Danny DeVito aus dem Jahr 1996 gegeben haben, die Verfilmung eines Romans von Roald Dahl über ein begabtes Mädchen, das sich mit seinen herzlosen Erzeugern herumärgern muss. Eltern von heute haben den Namen vermutlich auch aus den „Drache Kokosnuss"-Geschichten

Caroline Mathilde von Hannover

(Ingo Siegner, ab 2002) im Ohr: Kokosnuss' Freundin ist das Stachelschwein Matilda.

Besonders bekannt ist der Name außerdem in Celle. Das liegt an einer historischen Figur: einer Prinzessin, die Matilda genannt wurde – in den offiziellen Dokumenten steht „Caroline Mathilde von Hannover". Ihr Schicksal ist legendär: 1766 wurde die 15-Jährige mit dem kaum älteren dänischen König Christian zwangsverheiratet. Zuneigung gab es nicht zwischen den Eheleuten, sehr wohl aber zwischen Matilda und Johann Friedrich Struensee, Leibarzt und Vertrauter des Königs. Die Romanze währte nur kurz: **> Johann** wurde hingerichtet und Matilda nach Celle verbannt, wo sie sich weitaus größerer Beliebtheit erfreute als in Kopenhagen. Im Alter von 23 Jahren verstarb Matilda.

Mattes/Matthes

♂ D: Platz 191 Nord-D: Platz 106

Mattes, seltener Matthes geschrieben, ist ein echt norddeutsches Gewächs: Dort kommt er her und dort ist er bis heute am häufigsten anzutreffen. Es handelt sich um eine Kurzform der Namen Matthias – nach dem hebräischen „mattityah", „Gabe des Herrn, Gottesgeschenk" – und Matthäus, nach dem griechischen Matthaios, der ebenfalls auf „mattityah" basiert.

Matti

♂ D: Platz 106 Nord-D: Platz 79

„Zu unvollständig", sagen die einen. „Süß" und „Natürlich ist das ein vollständiger Name", die anderen. Richtig ist: Matti ist der finnische, samische und estnische Matthias oder Matthäus (nach dem hebräischen „mattityah", „Gabe des Herrn") – also keine traditionelle deutsche Kurzform. Wer sich im Fernsehen gern Wintersport anschaut: Da ist immer mal wieder ein Matti dabei. Seit den 90er Jahren kommt der Name häufiger in Deutschland vor. Allerdings sollte man sich bewusst sein, dass mit i endende Namen hierzulande leicht als Verniedlichung wahrgenommen werden. In Lindgrens > **„Madita"**-Geschichten wird ein Mädchen Matti gerufen, die kleine Schwester von „Lause-Mia".

Mattis/Mathis/Matthis

♂ D: Platz 55 Nord-D: Platz 25

Als eigenständige Namen sind Mattis, Mathis und andere Varianten, norddeutsche Formen von Matthias, relativ jung: Wer einen dieser Namen trägt, geht mit hoher Wahrscheinlichkeit noch nicht auf Ü30-Partys. Astrid Lindgren hatte auch hier die Finger im

Spiel, denn in „Ronja Räubertochter", 1981 als Buch und 1984 als Film erschienen, gibt es einen Mattis: Der raubeinige, sture und liebenswerte Räuberhauptmann ist > **Ronjas** Vater. Seit der Jahrtausendwende stand sein Name fast immer in den deutschen Top 100.

Mattis' Bedeutung leitet sich vom hebräischen „mattityah" ab: „Gabe des Herrn". Etwa zwei Drittel der in den letzten Jahren geborenen Jungen mit einem der Mattis-Namen werden M-a-t-t-i-s geschrieben. Die zweitgrößte Gruppe stellen die Jungs namens M-a-t-h-i-s: 25 Prozent in ganz Deutschland, etwas weniger im Norden. Diese Schreibweise rückte 2005 bis 2007 besonders ins Blickfeld: durch den Schweizer Mathis Künzler, der in der Telenovela „Verliebt in Berlin" den Herzensbrecher gab. Eine Mischform, nämlich Matthis, trifft man bei 11 Prozent der „Mattis" gerufenen Jungen in Deutschland an, im Norden sind es noch ein wenig mehr. Gänzlich abgehängt erscheint Matis: Nur einer von hundert „Mattissen" wurde von seinen Eltern damit beglückt.

Obwohl Mattis, wie auch die klanglich nahen Mats/Mads (Platz 29) und Matteo/Mattheo (Platz 31), deutschlandweit im Aufwind ist, ist er nicht jedermanns Liebling. Kritiker kommen gern mit der Assoziation mit Heringen in Salzlake daher: „Alle, denen ich den Namen verraten habe, sagen, dass der Bub dann mit Matjes gehänselt wird", jammert eine Schwangere in einem Onlineforum. Wie wahrscheinlich das ist, trotz der zunehmenden Verbreitung des Namens, und wie störend es wäre, muss jeder für sich einschätzen.

Merle

♀ D: Platz 58 Nord-D: Platz 32

Eigentlich verblüffend, dass Merle im Norden populärer ist als im Rest der Republik und auch als nordisch empfunden wird. Tatsächlich hat sie nämlich englische, französische und lateinische Wurzeln: Der englische Name Merle leitet sich vom lateinischen Merula ab; „Turdus merula" ist die lateinische Bezeichnung für die Amsel. Auch im Französischen steht das Wörtchen für den bekannten schwarzen Singvogel mit dem gelben Schnabel. Daneben ist eine zweite Herleitung im Umlauf: vom irischen Namen Muriel, der seinerseits eine Form von „Muirgel" ist und helles oder strahlendes Meer bedeutet – was natürlich wunderbar ins meerumschlungene Schleswig-Holstein passen würde.

Bekannt wurde der Name hierzulande in den 30er Jahren durch die britische Schauspielerin Merle Oberon (eigentlich Estelle Merle O' Brien Thompson). Seit Mitte der 80er kommt Merle regelmäßig in den Geburtsmeldungen deutscher Standesämter vor. Vor allem in den USA gibt es Merle auch als Männernamen, zum Beispiel bei Merle Robbins: Der Inhaber eines Friseursalons in Milford/Ohio erfand das Kartenspiels Uno, das 1971 auf den Markt kam.

? Was habe ich mir dabei gedacht

„Wir wollten einen Vornamen, der zu unserem eher nordischen Nachnamen passt. Außerdem sollten die Großeltern den Namen fehlerfrei aussprechen können, und es sollte nicht gleich der halbe Spielplatz reagieren, wenn wir rufen. Merle fanden wir beide sehr wohlklingend. Damals hieß auch niemand in unserem Umfeld so, und in unserer Jugend hatten wir nur nette Merles kennengelernt."

Mutter von Merle, Jahrgang 2004, aus Eutin

Mette

♀ D: n.e. Nord-D: Platz 282

Sie mögen > **Merle** und > **Jette**, hätten aber gern etwas Selteneres? Dann ist vielleicht Mette „Ihr" Name. Die friesisch-niederdeutsche, dänische und norwegische Kurzform von Mechthild kennt man vor allem an > **Marit** gekoppelt: von der norwegischen Kronprinzessin, die diese Namen trägt. Mechthild ist aus der Mode, geht aber auf einen der Lieblinge heutiger Eltern zurück: > **Mathilde/Mathilda**.

Mette-Marit –
Kronprinzessin von Norwegen

Mieke

♀ D: Platz 372 Nord-D: Platz 227

Wenn Ihnen Nike zu sehr Turnschuh ist, Meike zu 70er und Mia zu allgegenwärtig – wie wäre es mit Mieke? Dieser niederdeutsche und niederländische Name leitet sich von Maria ab, mit dem Namen Marieke als Zwischenstation, dessen Kurzform er ist. Bloß bei der Bedeutung wird es kniffelig. Diese ist nämlich beim Namen der Mutter Jesu nicht geklärt. Die Palette der angebotenen Übersetzungen reicht von „Verbitterte" über „Widerspenstige", „Erhabene", „von Gott Geschenkte" und „Fruchtbare" (alle hebräisch) bis hin zu „Geliebte" (ägyptisch). Bei Menschen, die dem Namen Mieke das erste Mal begegnen, stellt sich mitunter eine der folgenden Gedankenverbindungen ein: „eine Meike mit Buchstabendreher" oder „ein falscher Mike". Tipp für Mieke-Eltern: einfach drüberstehen!

Michel

Der Name Michael wird nach wie vor gern vergeben (bundesweit Platz 109). Frischer wirken heute allerdings die Formen > **Mika** und Michel, die wie der hebräische Michael „Wer ist wie Gott?" bedeuten. Der Name Michel etabliert sich in Deutschland wohl nicht zufällig seit den 70er Jahren, als die zehn Jahre zuvor erschienenen „Michel aus Lönneberga"-Bücher von Astrid Lindgren verfilmt wurden. Der strohblonde Lausejunge, der für seine Missetaten und Missgeschicke regelmäßig im Holzschuppen eingesperrt wird, wo er Männchen schnitzt, prägt den Namen bis heute. Dass der Junge im schwedischen Original > **Emil** heißt, fällt dabei nicht ins Gewicht. Geändert wurde der Name im Deutschen übrigens, um eine Verwechslung mit Kästners Emil zu vermeiden.

Der Name Michel hat aber auch eine Geschichte vor Lindgren: Schon im Mittelalter war er in Deutschland gebräuchlich. Ab dem 16. Jahrhundert wurde „der deutsche Michel" sogar sprichwörtlich. Damit war eher abwertend ein schwerfälliger, einfacher Mensch gemeint, gern dargestellt in Bauernkleidung und mit Zipfelmütze, der stellvertretend für die deutsche Bevölkerung stand. Später wurde die Deutung als redlicher, aufrechter Deutscher häufiger. In politischen Karikaturen kommt die Figur des deutschen Michel bis heute vor. Die Top 50 der Namenscharts erreichte Michel zumindest in den letzten hundert Jahren nie. Es gibt den Namen in derselben Schreibweise auch in Frankreich. In Deutschland die französische Aussprache durchzusetzen, dürfte aber – außer in Grenznähe – schwierig sein.

Mika

♂ D: Platz 46 Nord-D: Platz 29
♀ D: Platz 428 Nord-D: n.e.

Mika Häkkinen

Seit 2000 wird der Name Mika, eine nordische Kurzform von Michael und Michaela, bei uns öfter vergeben. In den nordischen Ländern werden Töchter gerne Mika genannt. Da Mika hierzulande durch den finnischen Rennfahrer Mika Häkkinen populär wurde, kennen wir ihn vor allem als Jungennamen: 2014 waren 97 Prozent der neugeborenen Mikas männlich. Ein zweiter, eindeutig männlicher Vorname sollte zu Mika eigentlich nicht mehr nötig sein. Es ist aber nicht auszuschließen, dass einige ewiggestrige Standesbeamte das anders sehen. Ein Mädchen oder eine Frau namens Mika dürfte in Deutschland viel mit dem Verbessern ihrer Anrede („Nein, nicht Herr ...") zu tun haben. Ihre Tochter soll trotzdem Mika heißen? In diesem Fall raten wir dann doch zu einem unmissverständlichen Zweitnamen, auch wenn es theoretisch „ohne" möglich wäre.

Interview

Wie mein Name mich gefunden hat: Mika

Die wenigsten Menschen suchen sich aus, wie sie heißen. Mika aber gehört dazu. Doch es war ein langer Weg bis dahin. Hört man ihm zu, wie er seine Geschichte erzählt, stockt einem öfter mal der Atem. Als er 1963 geboren wird, ist es für seine Familie ein Schock: Das Neugeborene ist weder eindeutig Mädchen noch Junge. „Ich bin ein XXY-Mensch", weiß Mika heute. Das heißt, er hat ein zusätzliches X-Chromosom. Er wird auf den Namen Astrid getauft und als Mädchen aufgezogen. Doch das funktioniert nicht.

Er kann gerade mal schreiben, als er selbst einen Namen für sich wählt: Michael. In seinem Geburtsjahr der zweithäufigste Jun-

genname, der aus der Bibel stammt und „Wer ist wie Gott?"
bedeutet. Wie er darauf gekommen ist, weiß er nicht. „Es war
wohl die Weisheit eines Kindes." Welchen Jungennamen seine Eltern vor der Geburt für ihn ausgesucht hatten? Das erfährt er nie,
mittlerweile sind beide Eltern verstorben. Seine Wahl müssen sie
zwangsläufig akzeptieren: „Auf Astrid habe ich nicht gehört." In
der Schule ist er Außenseiter, „der Komische, der Schwule" – trotz
des Mädchennamens, der im Klassenbuch steht. Erst als er mit
14 einen Erzieher mit langen Haaren hat, lässt er sich die Haare
wachsen.

Eine schwere Sehbehinderung von Geburt an, später eine Krebs-
erkrankung, von der er Einschränkungen zurückbehält, dann die
kranken Eltern, die er bis zu ihrem Tod pflegt – Mikas Päckchen
wiegt schwer. Sein Studium kann er nicht beenden und wird
schließlich frühverrentet. Mehrfach macht er einen Anlauf in Richtung geschlechtsangleichende Operation, sammelt Gutachten,
die auch bei fehlverteilten Chromosomen nötig sind. Immer wieder kommt etwas dazwischen. Sein Vater bestärkt ihn schließlich,
die Mutter ist immer dagegen.

Dass Astrid ein nordischer Name ist, von den germanischen Wörtern für „Gott" und „schön" abgeleitet, gefällt ihm grundsätzlich sehr gut – wenn das falsche Geschlecht nicht wäre. Erst mit
Ende 40 klappt es endlich mit der ersehnten Behandlung, und er
kann die Wahl seiner Eltern korrigieren. Warum es nicht Michael,
sondern die Variante Mika wird? „Ich fühle mich Skandinavien,
besonders Finnland, sehr verbunden." Mika ist auch für Mädchen
zulässig. Das stört ihn aber nicht, er sieht den Namen nicht so.
Ihm ist auch egal, dass ein Mika in seiner Generation auffällt –
bei einem Deutschen, Mika Häkkinen ist nur fünf Jahre jünger als
er. „Ich bin sowieso nicht Schema F." Seine Freunde haben den
Namen gleich gut angenommen, nur seine Schwester vertut sich
noch manchmal. „Das befremdet mich dann schon. Denn Astrid –
das war ich nie. Ich war namenlos."

Nele/Neele

♀ D: Platz 21 Nord-D: Platz 16

Die Gefährtin von Till Eulenspiegel soll Nele geheißen haben – je nach literarischer oder cineastischer Quelle war sie seine Geliebte, Verlobte oder Gattin; genau weiß man das nicht, man weiß ja nicht einmal, ob > **Till** wirklich gelebt hat. Nele gilt als friesische und niederdeutsche Kurzform von Cornelia, und dieser Name wiederum hat seinen Ursprung im altrömischen Geschlechternamen der Cornelier. Wie so oft bei Kurzformen gibt es weitere Vollnamen, die ebenso abgekürzt werden, zum Beispiel der ungewöhnliche deutsche Name Sonnele („kleine Sonne"). Seit den 70er Jahren kommt Nele in Deutschland regelmäßig vor und wird immer beliebter, eine Trendwende ist nicht in Sicht. Am häufigsten entscheiden sich derzeit Eltern in der Region um Schwerin für Nele. Die Schreibweise Neele kommt viel seltener vor, allerdings liegt der Neele-Anteil mit 25 Prozent im Norden etwas höher als in den übrigen Regionen.

Nick

♂ D: Platz 63 Nord-D: Platz 60

„Nick ist ein Name, der klingt! Nick ist mein Kumpel. Das ist ein Junge, dem du vertraust. Mit so einem kannst du ein Bier trinken gehen. Ein Typ, dem es egal ist, wenn du ihm in seinen Wagen kotzt. Nick!"

Aus dem Film „Der Volltreffer" („The Sure Thing"), 1985

Dass es an diesem Lobgesang auf den Namen liegt, dass Nick in Deutschland populärer wurde, ist unwahrscheinlich. Doch Fakt ist: Seit Mitte der 80er Jahre kommt Nick, Kurzform des griechischen Namens Nikolaus („Sieg" und „Volk"), hierzulande zunehmend häufiger vor. Vielleicht hatten auch Manfred Schmidts Detektiv Nick Knatterton sowie René Goscinnys „kleiner Nick" („Le petit

Nicolas") die Finger im Spiel? Knattertons Abenteuer und Nicks Streiche wurden zwischen 1950 und 1964 zuerst veröffentlicht. Im Internetzeitalter bürgerte sich Nick als Kurzform des „Nickname" ein. Nicks Beliebtheit tat das keinen Abbruch. Auch grammatikalische Finessen – dass nämlich der Genitiv von Nick, also die Antwort auf „Wessen …?", so klingt wie das Wörtchen „nix" – schrecken Nick-Fans nicht. Besonders beliebt ist Nick derzeit im südlichen Sachsen.

Interview

Mein seltener Name und ich: Oke

♂ D: n.e. Nord-D: Platz 225

Namensverkürzungen oder -verniedlichungen entkommt man nicht – es sei denn, man heißt Oke. Für unseren 1972 geborenen Interviewpartner war das nie Thema. Kurz und selten, damit war Oke gegen Kosenamen gut aufgestellt. Oki oder Okchen – klingt nicht. Okidoki allerdings … Ja, mit Namenswitzchen kennt Oke sich weit besser aus. „Alberne Reime wie Oke-Poke, Spielereien mit 'Okay' und dann natürlich Karaoke: 'Hey Oke, wo ist denn deine Schwester Kara?'", zählt er auf. Im Grundschulalter war Oke deshalb nicht gut auf seinen Namen zu sprechen und machte sogar seinen Namensgebern Vorwürfe. „Leider", sagt er heute. Okes Eltern stammen aus Nordfriesland, dort ist Oke nicht ungewöhnlich. Wie auch Okke, Ocke, Okko und Ocko soll Oke sich als Koseform von Namen mit der althochdeutschen Silbe Ot- für „Besitz, Reichtum" etabliert haben.

Im hundert Kilometer entfernten Steinburg, wo Oke aufwuchs, kannte den Namen kaum jemand. Schließlich gibt es ja auch keine populäre Kinderbuchfigur, die so heißt, anders als beim ähnlich lautenden > **Ole**. Oke hat eine Schwester. Heißt sie etwa Kara? Knapp vorbei: Kristina ist richtig. Oke hat seinen mittellangen Nachnamen durch seine Heirat noch verlängert, namensmäßig fehlt es ihm an nichts. Längst ist er stolz auf seinen besonderen Vornamen. „Das Umdenken fing in der Pubertät an, als man reflektierter war." Nachgefragt wird noch heute („Wo kommt das denn her?"), obwohl es inzwischen ein paar prominente Okes gibt: Hörfunkredakteur Ocke Bandixen, Jahrgang 1970 und seines Zeichens Nordfriese, und Oke Göttlich, den 1975 in Hamburg geborenen Vereinspräsidenten des FC St. Pauli. Auch die „Standardwitze" hört Oke noch ab und zu. Er kann aber gut damit umgehen. „Die Sprücheklopfer wissen ja selbst, dass ihre Witze einen enormen Bart haben." Wer beim ersten Hören eher an Yoko Ono und Japan gedacht hat, liegt nicht ganz falsch: Der 24. Tennō von Japan (449–498) hieß Oke.

Ole

♂ D: Platz 66 Nord-D: Platz 36

Ole kann man wie > **Lasse** und > **Bosse** als waschechten Bullerbü-Namen einordnen. Der erste Band der Buchreihe von Astrid Lindgren, „Wir Kinder aus Bullerbü", erschien in Deutschland 1955. Fünf Jahre später folgte die TV-Serie „Die Kinder von Bullerbü". Bullerbü, das ist ein fiktives Mini-Dorf in Schweden, in dem eine Gruppe von Jungen und Mädchen eine herrliche Kindheit verlebt. Sicher ist es kein Zufall, dass der Siegeszug von Ole in Deutschland kurz darauf in den 60er Jahren begann. Um 2000 herum war der Name besonders beliebt.

Übrigens heißt Ole in Lindgrens schwedischem Original und auch in der deutschen Fassung der TV-Serie Olle, in den deutschen Büchern jedoch von Anfang an Ole. Ole-Fans haben die Wahl zwischen zwei Herleitungen und Bedeutungen: Als skandinavisches Kürzel des Namens Olaf würde auch Ole sich von „ano", „Ahne, Vorfahre", und „leifr", „Erbe, Hinterlassenschaft", ableiten. Interpretiert man Ole dagegen als deutsche Kurzform von Ulrich, verweist er wie dieser auf „uodal", „Erbgut, Heimat", und rihhi, „reich, mächtig".

Paula

♀ D: Platz 37 Nord-D: Platz 36

Paula zählt zu jenen Namen, die hundert Jahre brauchten, um zum einstigen Glanz zurückzufinden: um 1900 war Paula ähnlich populär wie heute. Der Name ist die weibliche Variante von Paul, der auf dem altrömischen Beinamen Paulus basiert und „Kleiner" bedeutet.

Zwischen 1939 und 1982 wurde kaum ein Mädchen Paula genannt. Was viele nicht wissen: Adolf Hitler hatte eine (eher unpolitische) jüngere Schwester dieses Namens. Paula Hitler war neben ihm das einzige von sechs Geschwistern, das die Kindheit überlebte.

Eine der bekanntesten „frühen" Paulas ist die deutsche Malerin Paula Modersohn-Becker. Im Sommer 1897 kam sie für Malunterricht erstmals in die Künstlerkolonie Worpswede bei Bremen, wo der Zauber der Landschaft sie tief beeindruckte. Von Aufenthalten in Paris unterbrochen blieb sie bis zu ihrem frühen Tod dort und malte unter anderem bäuerliche Szenen und unsentimentale Kinderbildnisse, für die sie zu Lebzeiten kaum Anerkennung erhielt.

Paula Modersohn-Becker

Peer

♂ D: Platz 497 Nord-D: n.e.

Peer ist wie > **Piet** eine niederländische und dazu noch norwegische und schwedische Form von Peter. In Deutschland wurde der Name vor allem durch Henrik Ibsens dramatisches Gedicht „Peer Gynt" (1867) und Edvard Griegs Suite dazu bekannt; darin geht es um die Eskapaden eines Bauernsohnes, der sich in Lügengeschichten verstrickt.

Piet

♂ D: Platz 127 Nord-D: Platz 71

Piet ist einer, für den es aufwärts geht – jedenfalls wird der Name in Deutschland immer beliebter. Es handelt sich um die niederländische Form von Peter. Dessen Wurzeln liegen in Griechenland: „pétra, petrós" bedeutet „Fels, Stein". Schon etwas ältere deutsche Piets leben vor allem im Grenzgebiet zu den Niederlanden,

Piet Klocke

also in Ostfriesland, dem Emsland, der Grafschaft Bentheim und dem Niederrhein. Ein bisschen sieht Piet aus wie ein eingedeutschter englischer Pete. So kann es passieren – insbesondere im Ausland –, dass man sich zwar als „Piet" vorstellt, das Gegenüber aber „Pete" niederschreibt. Dabei gibt es durchaus prominente Namensträger. Den niederländischen Maler Piet Mondrian zum Beispiel – den mit den farbigen Quadraten und Rechtecken – oder den gebürtigen Bremer Piet Klocke, einen Kabarettisten, für den seine scheinbar unkonzentrierte Art zu sprechen charakteristisch ist.

Raik

♂ D: Platz 441 Nord-D: Platz 237

Der niederdeutsche Raik geht auf den friesischen Namen
> **Rieke/Rike** zurück. Dass er seit wenigen Jahren zu den
gesamtdeutschen Top 500 gehört, liegt insbesondere an den
ostfriesischen Eltern. Aber auch rund um Lübeck wurden verhältnismäßig viele Jungen Raik genannt. Selbst für norddeutsche
Verhältnisse ungewöhnlich sind die Schreibweise Reik und die
Variante Raiko. Gespannt werden wir beobachten, ob ein Boom
des Namens im Kölner Raum einsetzt: Im „Phantasialand" in
Brühl wurde kürzlich eine Achterbahn namens Raik eröffnet.

Rasmus

♂ D: n.e. Nord-D: n.e.

Rasmus muss einer von Astrid Lindgrens Lieblingsnamen gewesen sein – oder seinerzeit in Schweden sehr gängig. Jedenfalls
verewigte sie ihn dreimal: in „Kalle Blomquist, Eva-Lotte und
Rasmus" (1953), „Rasmus und der Landstreicher" (1956) und
„Rasmus, Pontus und der Schwertschlucker" (1957). Der kleine
Junge in dem Blomquist-Buch heißt sogar Rasmus Rasmussen.
Der entführte Sohn eines Wissenschaftlers, der Waisenjunge Rasmus aus „... und der Landstreicher" und der pfiffige Rasmus, der
mit seinem Freund Pontus einen Diebstahl aufklärt, sind so unterschiedlich, dass man bei dem Namen nicht den einen typischen
Rasmus vor Augen hat.

Seit den 80er Jahren ist Rasmus in Deutschland verbreitet, schaffte es aber nie in die Top 100. In den letzten Jahren wurde der
Name vor allem in Schleswig-Holstein vergeben. Rasmus ist eine
Kurzform des griechischen Namens Erasmus und hat wie dieser
eine Bedeutung, die man fast eher bei einem Frauennamen ver-
muten würde: „liebenswürdig, anmutig", teilweise ist auch vom

„Heißgeliebten" die Rede. Zu erwähnen wäre noch die finnische Alternative-Rock-Band „The Rasmus" – und ein schwedischer Fußballer, 1984 geboren, der Rasmus Lindgren heißt.

Rieke/Rike

♀ D: Platz 193 Nord-D: Platz 90

Seit den 80er Jahren tummelt sich Rieke unter den beliebtesten Vornamen Deutschlands. Für eine Platzierung in den Top 100 hat es bislang aber nur 2002 gereicht. Wer also einen geläufigen, aber keinesfalls zu häufigen, norddeutsch angehauchten Namen sucht, könnte mit Rieke richtig liegen. Nachteile? Wie so oft ist das Geschmackssache. Rieke ist nicht so weich im Klang wie viele der derzeit angesagten Namen, eher etwas eckig. Manche Menschen empfinden Rieke als unvollständig: Ihren Ursprung als niederländische und friesische Kurzform von Friederike, Marieke, Henrike und Co. kam sie nicht verhehlen. Anderen gefällt gerade, dass sich Rieke kaum weiter abkürzen lässt. Der Name kommt vom althochdeutschen „rihhi" für „mächtig, reich". Die Schreibweise Rike ist unter Kindern derzeit selten: Etwa 80 Prozent der kleinen Riekes oder Rikes, im Norden noch ein wenig mehr, werden Rieke geschrieben.

Ronja

♀ D: Platz 87 Nord-D: Platz 94

„Ah, die Räubertochter!" Ronja wird stark mit einer literarischen Figur assoziiert, eben jenem Räubermädchen von Astrid Lindgren, das durch die Wälder streift, seinen Mut an allem erprobt, was eigentlich verboten ist, zwei verfeindete Sippen zusammenbringt und überhaupt immer seinen eigenen Weg geht. „Ronja Räubertochter" erschien 1981, den Film zum Buch kam 1984 in die Kinos. Ab dieser Zeit spielte der Name auch in deutschen Namenshitlisten eine Rolle. Den meisten Ronja-Eltern dürfte der Bezug zu Lindgrens Heldin bis heute gefallen. Es ist anzunehmen, dass sie sich ihre Tochter eher als Wildfang denn als Lillifee-Verschnitt vorstellen. Bei der Frage nach dem Namen ihrer Tochter greife sie mittlerweile manchmal vor, erzählt die Mutter einer Dreijährigen schmunzelnd: „Ich sage gern: Ronja, wie die Räubertochter, und ja, sie macht ihrem Namen alle Ehre."

Der Name soll nach dem Ortsnamen Juronjaure in Lappland geprägt worden sein. Auch in Skandinavien wurde er ab 1981 zunehmend populär. Im Russischen ist Ronja die Kurzform von Veronika („Siegbringerin") und Roxana („Glänzende"). Zum Schluss ein Hinweis für den Fall, dass Sie daran denken, nach Spanien auszuwandern: Spanier denken beim Klang von Ronja an das gleich lautende „roña" – und das bedeutet „Schmutz".

? Was habe ich mir dabei gedacht

„Unsere Kriterien waren: nicht zu häufig, aber dennoch so bekannt, dass man nicht groß erklären muss, und eine eindeutige Schreibweise. In der Top-100-Liste bin ich an Ronja hängen geblieben. Ich mag den 'Ronja Räubertochter'-Film. Meinem Mann war die Räubertochter zwar ein Begriff, er kennt aber weder Buch noch Film. Doch der Name gefiel ihm sofort."

Mutter von Ronja, Jahrgang 2013, aus dem Rheinland

Ronja von Rönne

Rune

♂ D: n.e. Nord-D: n.e.

Die Rune ist ein altes Schriftzeichen, der Rune dagegen ein Mann: Der Name Rune kam aus Skandinavien zu uns und kürzt dort Namen ab, die mit dem altnordischen „rún" („verborgenes Wissen, Geheimnis") gebildet sind. Achtung: Seltener kann Rune auch ein Frauenname sein (also doch auch „die Rune"). Häufiger kommt als weibliche Variante aber Runa vor.

Selma

♀ D: Platz 220 Nord-D: n.e.

Was Selma nordisch wirken lässt, ist besonders die Tatsache, dass die schwedische Dichterin, die unter anderem Nils Holgersson erfand, so hieß: Selma Lagerlöf, mit vollem Namen Selma Ottilia Lovisa Lagerlöf, erhielt 1909 als erste Frau den Nobelpreis für Literatur. Bekannt wurde Selma allerdings durch ein schottisches Schlitzohr: James MacPherson gab 1765 eine angebliche Sammlung altgälischer Heldenlieder heraus. Nur hatte er „The Works of Ossian" in Wirklichkeit selbst geschrieben. Selma kam darin als Ortsname vor, abgeleitet vom keltischen „shelma" („schöne Aussicht"). Der deutsche Dichter Friedrich Gottlieb Klopstock nutzte Selma in seinen Oden als Frauennamen. Daran anschließend kam dieser Ende des 19. Jahrhunderts in Deutschland in Mode.

Wie bei vielen Namen gibt es zu Selma aber nicht nur eine Geschichte. So kann es sich auch um eine Ableitung von Anselm handeln (aus „Ase", germanisch für „Gott", und dem althochdeutschen „helm" für „Schutz"). Der Name kommt auch im Türkischen und Bosnischen vor, nach dem arabischen „Salma" für „Harmonie, Frieden". Die im englischen Sprachraum bekannte Thelma (siehe den Film „Thelma und Louise") hat mit Selma nichts zu tun, sondern geht möglicherweise auf das griechische „thelema" („Wunsch, Wille") zurück.

Smilla

♀ D: Platz 212 Nord-D: Platz 115

Wenn Ihnen zu Smilla zuerst das englische Wort für Lächeln einfällt, sind Sie auf der richtigen Fährte. Nur stand nicht das englische, sondern das dänische Lächeln Pate. Ältere Damen, die Smilla heißen, gibt es aber auch in Dänemark nicht: Der Name wurde von Peter Høeg eigens für seinen 1992 erschienenen

Roman „Fräulein Smillas Gespür für Schnee" erfunden, der Film zum Buch kam 1997 in die Kinos. Bei Høeg ist Smilla eine Verkürzung des grönländischen Namens Smillaaraq, der sich aus dem grönländischen Namen Miillaaraq („Summen eines Insekts") und den dänischen Wörtern für mild und Lächeln zusammensetzt. Ob es störend ist, dass der Name keine Tradition hat und von vielen noch mit der Figur der ruppigen Romanfigur oder zumindest mit dem Schneemotiv aus dem Buchtitel in Verbindung gebracht wird – ja, das muss jeder für sich entscheiden. In Hamburg und Schleswig-Holstein wählen besonders viele Eltern den Namen Smilla.

Sören

♂ D: n.e. Nord-D: n.e.

Sören ist unter norddeutschen Eltern besonders beliebt. Ursprünglich ist Sören (Søren geschrieben) eine dänische Form des lateinischstämmigen Namens Severin, der auf den altrömischen Geschlechternamen Severus zurückgeht. Übersetzt bedeutet dieser „ernsthaft, streng". Ein bekannter Namensträger war im 19. Jahrhundert der Philosoph und Theologe Søren Kierkegaard – natürlich ein Däne.

Søren Kierkegaard

Stine

♀ D: Platz 458 Nord-D: Platz 232

Stine verkürzt im Niederdeutschen verschiedene Namen, zum Beispiel Christine („zu Christus gehörend") oder Ernestine (> **Erna**) wie in Fontanes Roman „Stine" (1890). Aus Lindgrens „Ferien auf Saltkrokan" (1964) kennt man die Variante Stina, die besonders bundesweit besser abschneidet (Platz 375, im Norden Platz 231).

Svea

♀ D: Platz 168 Nord-D: Platz 130

Wer vor den 80er Jahren in Deutschland den Namen Svea erhielt, hatte es damit nicht immer leicht. Damals war er sehr selten, und so mussten Namensträgerinnen viel verbessern: „Wie heißt du?" – „Svea." – „Ach so, Bea." Oder auch: „Hallo, Svenja!". Mittlerweile hat sich die Lage entspannt. Zwar steht mit Lea immer noch ein ähnlich klingender (nun ja) Name hoch in den Charts, aber Svea ist nicht mehr so unbekannt, während Svenja, die ihr Hoch um 1990 herum hatte, auf Platz 313 abgerutscht ist.

Der Name entstand im 19. Jahrhundert in Schweden, als Kurzform von früheren Namen des Landes „Svearike" (Schwedenreich), und war dort in der ersten Hälfte des 20. Jahrhunderts sehr populär. Der Name Schwedens sowie Svea werden einerseits mit dem althochdeutschen „sweba" für „frei" in Verbindung gebracht und andererseits mit dem alten nordischen Wort „sve" für „See". In Värmland in Mittelschweden heißt bis heute ein Landstrich Svealand. Svea ist dort eine Schutzpatronin, die über den Schiffsverkehr wacht. Die Figur der „Mutter Svea" gilt außerdem als Personifikation Schwedens. Zwar gibt es auch Anhaltspunkte für die Deutung von Svea als „Sonne" (aus dem Germanischen). Vor allem aber ist Svea, die gern mit „kleine Schwedin" übersetzt wird, der perfekte Name für Schwedenfans.

Sven

♂ D: Platz 416 Nord-D: n.e.

Von einem merkwürdigen Phänomen wissen viele Männer zu berichten, die Sven oder Jens heißen: Offenbar werden diese Namen oft verwechselt. Das mag daran liegen, dass beide Vornamen nordischen Ursprungs sind und mit drei Konsonanten und einem Vokal buchstabiert werden. Als weitere Gemeinsamkeit können wir vermerken, dass sowohl Sven als auch Jens in den 60er und 70er Jahren zu den am häufigsten vergebenen Jungennamen gehörten. Heute sind die meisten Svens längst in der Elterngeneration angekommen. Solche Namen verschwinden normalerweise aus der Hitliste. Wie viele nordische Namen war Sven allerdings zu seiner Spitzenzeit vor allem in Norddeutschland gebräuchlich, sodass er anderswo nicht so bekannt ist und heute in allen deutschen Regionen vergeben wird – wenn auch viel seltener als vor 50 Jahren. Sehr viel ungewöhnlicher sind die Formen Swen und Svend.

Trickfilm-Fans ist erstens „der schreckliche Sven" bekannt, so heißt der schlimmste Bösewicht in „Wickie und die starken Männer", und zweitens das Rentier Sven aus Disneys „Die Eiskönigin". Bekannte Svens im richtigen Leben sind der Musiker Sven Väth, der Autor und Musiker Sven Regener sowie der Sportler Sven Hannawald.

Talea/Thalea

♀ D: Platz 288 Nord-D: Platz 178

Um darauf zu kommen, wovon sich Talea ableitet, muss man sich schon gut auskennen – oder recherchieren. Tatsächlich lässt der Name sich nämlich auf den althochdeutschen Namen Adelheid zurückführen, welcher „von edlem Wesen" bedeutet und seit den 60er Jahren hoffnungslos out ist. Adelheid – klingelt es bei Ihnen?

Genau: das war der richtige Name des Schweizer Naturkinds Heidi, bekannt aus Film und Fernsehen, der in der Form allerdings nur von dem gestrengen Fräulein Rottenmeier gebraucht wurde. Das friesische Pendant dazu heißt Alea – oder eben Talea, wobei das T ein Überbleibsel des sächlichen Artikels „dat" oder „het" ist.

Mit den vielen Vokalen inklusive „Vokalzusammenstoß" am Schluss passt Talea bestens in die aktuelle Namenslandschaft; immerhin steht Lea bundesweit auf Platz 12. Überraschenderweise hat aber Talia/Thalia, aus der griechischen Mythologie stammend, die Nase vorn (deutschlandweit Platz 237, im Norden Platz 166) – trotz der gleichnamigen Buchhandelskette sowie Unklarheiten bei der Aussprache. Thalea gibt es auch noch, allerdings als Rarität: Drei von vier T(h)aleas der Geburtsjahrgänge 2006 bis 2015 werden ohne h geschrieben.

? Was habe ich mir dabei gedacht
„Der Namen Alea gefiel mir sehr, war meinem Mann allerdings zu kurz. So sind wir zu Talea gekommen. Ich stammen zwar aus Nordrhein-Westfalen, bin aber ein großer Fan von friesischen Namen."

Mutter von Talea, Jahrgang 2012, aus Hamburg

Tamme

♂ D: Platz 301 Nord-D: Platz 139

Wie > **Tammo** ist auch Tamme eine friesische Kurzform von Namen, die mit der Silbe Dank- beginnen. Dankmar zum Beispiel, der „tiefer Denker" oder „berühmt für seinen Gedanken" bedeutet, oder Dankwart, „Hüter des Gedenkens". Anders als diese Vollformen hat Tamme ein gewisses Potenzial, was durch ein Vorbild aus den Medien verstärkt wird: Tamme Hanken, ein 1960 in Filsum geborener Pferdeflüsterer und Knochenbrecher – so nennt man in Ostfriesland alternative Heilkundler – wurde durch die ab 2008 ausgestrahlte Doku-Soap als „XXL-Ostfriese" bekannt.

Ob Tamme-Eltern schon das gestandene Mannsbild in XXL vor sich sehen? Wahrscheinlicher ist wohl, dass der nordische, weiche Klang dieses weitgehend unverbrauchten Namens sie anspricht.

Tammo

♂ D: Platz 287 Nord-D: Platz 132

Tammo zählt zu jenen Namen, die Menschen außerhalb des Nordens leicht überfordern. „Das soll ein Name ein?" – mit dieser Reaktion muss man rechnen, vor allem jenseits von Niedersachsen. Ältere Tammos berichten vereinzelt von „Tampon"-Witzeleien. Viel schöner: Wer Italienisch spricht, kann beim Hören von Tammo an eine Liebeserklärung denken: „Ti amo". Mit etwas Glück ist der Namensklang durch Pferdeflüsterer > **Tamme** aus dem Fernsehen zumindest nicht mehr ganz unbekannt. Fußballfans könnte auch BVB-Stürmer Tammo Harder ein Begriff sein. Der Name entstand als Kurzform von althergebrachten Namen wie Dankmar („tiefer Denker, berühmt für seinen Gedanken") oder Dankwart („Hüter des Gedenkens").

Theda

♂ D: Platz 475 Nord-D: Platz 206

Theda ist eine friesische Kurzform von Namen, die mit „Theod-" (althochdeutsch „thiot" für „Volk") gebildet sind. Der Name kann auch als Kürzel von Theodora (> **Theodor**) oder Adelheid (> **Talea**) gedeutet werden. Die amerikanische Schauspielerin Theda Bara (Theodosia Burr Goodman, 1885–1955) gilt als erstes Sexsymbol des Stummfilms.

Theo

♂ D: Platz 27 Nord-D: Platz 17

Theo werden seit Urzeiten jene Herren gerufen, die laut Geburtsurkunde > **Theodor** heißen (oder auch: Theobald, Theophil).
Dass er als eigenständiger Name vergeben wird, ist ein jüngeres
Phänomen. Wohlklingend und nicht so förmlich-altväterisch wie
Theodor, damit macht Theo bei Eltern seit den 90ern Punkte. Als
einer der erfolgreichsten „neuen alten" Jungennamen hat er es
im Norden sogar bis kurz vor die Top Ten geschafft.

Doch aufgepasst: Obwohl er dessen Kurzform ist, bedeutet Theo
– wenn man es genau nimmt – nicht dasselbe wie Theodor („Geschenk Gottes"). Ohne -dor bleibt nur „Gott" übrig, nach dem
griechischen „theos". Allerdings kann man Theo auch als Kurzform von Theobald oder Theoderich betrachten. Diese latinisierten
Formen von Dietbald und Dietrich haben mit Religion nichts am
Hut; die erste Silbe steht im Althochdeutschen für „Volk". Ein bekannter Vertreter des Namens war der gebürtige Hannoveraner
Theo Lingen. In den 60er und 70er Jahren sah man diesen Schauspieler, dessen Markenzeichen seine näselnde Stimme war, häufig
in Filmklamotten wie „Die Lümmel von der ersten Bank".

? Was habe ich mir dabei gedacht
*„Uns war wichtig, dass der Name in vielen gängigen Spra-
chen funktioniert. Wir mögen die Bedeutung von Theodor,
obwohl wir nicht sehr gläubig sind, und haben die für uns auch
auf die Kurzform übertragen. In die Geburt sind wir mit zwei
Namen gegangen, Theo und Karl. Nachdem unser Sohn aber
nicht so stark und dominant ins Leben gekommen war, wie wir
es mit einem Karl verbunden hatten, war klar: Theo passt."*
Mutter von Theo, Jahrgang 2012, aus Hamburg

Theo Lingen

Theodor

♂ D: Platz 95 Nord-D: Platz 91

 Theodor Storm (1817 in Husum geboren, „Der Schimmelreiter"), Theodor Fontane (Jahrgang 1819, „John Maynard" sowie „Herr von Ribbeck auf Ribbeck im Havelland") – lange Zeit war der Name Theodor einer, dem man nur im Deutschunterricht begegnete, in der Politik (Theodor Heuss, Jahrgang 1884) oder Philosphie (Theodor W. Adorno, geboren 1903). In den 50er Jahren kam der Name, der im Mittelalter vor allem im östlichen Mittelmeerraum verbreitet war, hierzulande jedenfalls aus der Mode. Zu Beginn des 21. Jahrhunderts dann der Umschwung: Plötzlich waren Durchsagen wie „Der kleine Theodor möchte aus dem Kinderparadies abgeholt werden" gar nicht mehr ungewöhnlich. Trotzdem hat die Kurzform **> Theo** heute – im Norden noch klarer als in Gesamtdeutschland – die Nase vorn.

Vielleicht spielt für manche Eltern die Bedeutung des aus dem Griechischen stammenden Namens eine Rolle: „Gottesgeschenk". Für Atheisten, die die Sache ernst nehmen, stellt diese andererseits einen Grund dar, genau diesen Namen keinesfalls zu vergeben. Dass Theodor auch im englischen Sprachraum gebräuchlich ist, dort gern mit Ted oder Teddy abgekürzt, bringt ihm bestimmt Pluspunkte ein. Auch Promis wie Sänger Robbie Williams oder Trump-Tochter Ivanka entschieden sich für diesen Namen: Robbies Tochter Theodora kam 2012 zur Welt, Trumps Enkel Theodore 2016.

? Was habe ich mir dabei gedacht

„*Ich bin auf Theo in der Rückbildungsgymnastik nach der Geburt unserer Tochter 2008 aufmerksam geworden und fand den Namen total schön für einen kleinen Jungen. Wir haben unseren Sohn dann Theodor genannt, die Bedeutung passte nach eineinhalb Jahren Kinderwunschzeit und zwei Fehlgeburten ganz genau. Nur Theo wäre für uns deshalb nicht in Frage gekommen. Im Alltag nennen wir ihn aber trotzdem meistens Theo.*"

Mutter von Theodor, Jahrgang 2013, aus Mittelhessen

Thies

♂ D: Platz 276 Nord-D: Platz 136

- „Ein schöner norddeutscher Name. Sollte aber geografisch dort bleiben."
- „Als Abkürzung nett, aber nicht als vollständiger Name."
- „Thies ist sooo niedlich!"
- „Ich mag meinen Namen. Allerdings wird man ständig gefragt, ob das der Nachname wäre."

Vier Stimmen, die belegen: An Thies, seines Zeichens Kurzform von Matthias oder **> Mathis**, scheiden sich die Geister. Seine Bedeutung ist kaum jemals ein Problem, seine Knappheit dagegen schon. Auf der anderen Seite ist es gerade die Schnörkellosigkeit, die es seinen Fans angetan hat („ein Name ohne Firlefanz"). Sodass sie über folgenden Kommentar einer Achtjährigen vermutlich nur schmunzeln: „Thies – das sind Zähne auf Englisch." Kommt ja auch hinten und vorne nicht hin mit dem „Ti-ejtsch".

Mein seltener Name und ich: Thordis

♀ D: n.e. Nord-D: n.e.

Frauen mit seltenen Namen, die eine untypische Endung haben (also fast alles außer -a), können ein Lied davon singen: Immer mal wieder wird ihr Name als männlich interpretiert. Damit muss auch Thordis, Jahrgang 1971, aus dem Schleswig-Holsteinischen Bad Schwartau klarkommen und findet es „nicht immer so angenehm". Erschwerend wirkt bei ihr noch, dass auch die ersten Buchstaben ihres Namens in den 70ern und eigentlich bis heute scheinbar eindeutig in die Jungsecke weisen: Thorsten verpasste 1971 mit Platz 11 nur knapp die Top Ten, **> Thorben** gehörte im selben Jahr immerhin erstmals zu den Top 100. Und dann war da noch Dauerbrenner Thomas, damals auf Platz 2.

Ja, und die Endung -dis? Was sollte man dazu sagen zu einer Zeit, in der das Dreigestirn Nicole, Tanja und Claudia dominierte? Noch heute sind Namen, die auf -dis enden, eine Rarität, neben der isländischen Jordis oder Jördis gibt fast nur noch die österreichisch-ungarische Moderatorin Gundis Zámbó. Die nordische Thordis entstand zu Beginn des 20. Jahrhunderts. Thor ist der germanische Donnergott, bei -dis wird es wie zum Ausgleich überraschend weiblich: Die Endung stammt aus dem Altschwedischen und bedeutet „Göttin". Eine Tochter wie eine Donnergöttin? Das hatten Thordis' Eltern wohl weniger im Sinn. Nachdem ihre Erstgeborene den „normalen" Namen Katja erhalten hatte, benannten sie ihre zweite Tochter nach einer Freundin der Mutter, eben Thordis. „Alternativ hatten sie über Maria nachgedacht", erzählt Thordis.

Mag sie ihren Namen? „Inzwischen ja. In der Schulzeit und auch noch später fand ich es häufig anstrengend und nervig, wenn niemand meinen Namen verstand, weil ihn ja niemand kannte. Dazu wurde er auch meistens falsch geschrieben." Ihr Name begegnet ihr häufig ohne h und öfter mal mit e statt i. „Ganz schlimm finde ich es auch, wenn da auf einmal Doris steht." Über einen Zweitnamen als Ausweichmöglichkeit wäre sie froh gewesen. Verulkt wurde ihr Name in Kindertagen natürlich auch, „erinnert ja ein wenig an Torte. Netter fand ich da schon Tortellini." Die Zeiten sind zum Glück vorbei: „Inzwischen höre ich oft, dass es ja ein schöner Name ist und dass es angenehm ist, dass er nicht so häufig ist." Ihr selbst gefällt der Bezug zu Skandinavien, da die Familie dort gern Ferien macht. Thordis hat drei Kinder, die zwischen 2001 und 2009 geboren wurden: Pauline Lotta, Fynn Mika und Tom Mattis. Nur > **Mika** könnte auch ein Mädchenname sein – theoretisch. Praktisch aber hat Thordis die Tücken ihres Namens nicht weitervererbt, sondern geht mit geläufig-schönen Kindernamen auf Nummer sicher.

Thore

♂ D: Platz 160 Nord-D: Platz 81

Je nördlicher der Geburtsort, desto häufiger wurde der Name Thore in den letzten Jahren in Deutschland vergeben. Ungewöhnlich ist die Häufigkeitsstatistik des Namens: seit 1980 wurden von Jahr zu Jahr mehr Jungen in Norddeutschland Thore genannt, bis 2003 ein Abwärtstrend einsetzte. Dieser wurde aber 2010 umgekehrt, sodass der Name heute wieder so populär ist wie zur letzten Jahrtausendwende. Sprachlich leitet sich Thore von Thor ab, dem germanischen Gewitter- und Wettergott, der in der nordischen Mythologie als Nummer zwei hinter Odin gilt. In Deutschland kommt fast nur Thore vor, in Skandinavien eher Tore. Bei der Schreibweise müssen Eltern vorausschauend sein: Soll Ihr Sohn Fußballprofi werden? Dann schreiben Sie ihn bitte nicht Tore, die Toreschießen- und Toreverhindern-Witze würden kein Ende nehmen. Oder soll er an einer amerikanischen Elite-Uni studieren? Dann ist Thore weniger geeignet, weil der Name mit dem englischen „th" ganz anders klingt.

Tilda

♀ D: Platz 90 Nord-D: Platz 52

In Schweden gehörte Tilda noch vor wenigen Jahren zu den populärsten Mädchennamen, mittlerweile kommt sie dort langsam aus der Mode. Ungefähr 2008 setzte in Deutschland der Aufwärtstrend ein. Am beliebtesten ist Tilda in Hamburg, aber auch in Niedersachsen, Bremen und Schleswig-Holstein mag man sie. Tilda ist eine Kurzform von > **Matilda**. Die Variante Thilda kommt viel seltener vor, dasselbe gilt für Tilde. Warum bevorzugen manche Eltern die Kurzform gegenüber dem „richtigen" Namen Matilda? Mancher möchte seine Tochter ohnehin nur Tilda rufen. Außerdem ist da noch Tilda Swinton (eigentlich Katherine Matilda). Die schottische Schauspielerin hat als Oscar-Preisträgerin und eigenwillige Erscheinung nicht nur bei bei vielen Menschen Eindruck hinterlassen, sondern auch ihren Namen bekannter gemacht.

Tilda Swinton

Till/Til

♂ D: Platz 49 Nord-D: Platz 42

Bei Till kommt unweigerlich der Eulenspiegel ins Spiel. Als umherstreifender Schalk war Till Eulenspiegel der Protagonist einer mittelniederdeutschen Schwanksammlung, die um 1510 erschien; es heißt, er sei 1350 in Mölln gestorben. Eulenspiegels Spezialität: alles wörtlich nehmen, um die Schwächen seiner Mitmenschen zu entlarven. Ob Till-Eltern wohl auf einen cleveren Schelm hoffen, der die Lacher auf seiner Seite

Til Schweiger

hat? Die Bedeutung des Namens führt auf andere Pfade: Das altfriesische „til" steht für „gut, tüchtig". Bei Till kann es sich jedoch auch um eine friesische Kurzform von Detlef (von Dietleib, aus „diot" für „Volk" und „leiba" für „Erbe") oder Tillmann handeln, letzterer abgeleitet von Dietrich („Volksherrscher").

Die Schreibweise Till überwiegt besonders im Norden: acht von zehn Jungen dieses Namens werden dort so geschrieben. In Gesamtdeutschland sind es immer noch 75 Prozent. Ein prominenter Namensträger ist „Rammstein"-Sänger Till Lindemann. Dagegen ist Til Eltern von Schauspieler „Til" Schweiger (Tilman Valentin Schweiger) vertraut. Mancher möchte mit der Dreibuchstaben-Variante Eulenspiegel-Assoziationen unterbinden (vermutlich zwecklos) oder wählt aus Prinzip die seltenere Form. Immer mal wieder trifft man auch auf Minimalisten, die keinen Buchstaben mehr wollen als unbedingt nötig.

Tjark

♂ D: Platz 316 Nord-D: Platz 133

Ganz Deutschland ist sich einig: Dieter oder Dietrich sind hoffnungslos out. Ganz Deutschland? Nein! Zwei von unbeugsamen Nordlichtern bevölkerte Bundesländer, Schleswig-Holstein und Niedersachsen, hören nicht auf, Widerstand zu leisten: Immer mal wieder werden hier Jungen Tjark genannt. Und Tjark, das ist die friesische Kurzform des althochdeutschen Namens Dietrich („Volksherrscher"). Doch Achtung: Der seltene Anfangslaut könnte außerhalb Norddeutschlands für Probleme und die Frage „Wie spricht man das – Tschark?" sorgen. Ältere Leute verstehen auch schon mal Jörg statt Tjark.

? Was habe ich mir dabei gedacht
„Ich wollte einen kurzen Namen, den man nicht so leicht veralbern und mit dem man erwachsen werden kann. Nordisch sollte er sein, weil wir hier leben, außerdem habe ich schon mit 16 mein Herz an Skandinavien, insbesondere Norwegen, verloren. Tjark klingt für mich nach einer guten Mischung aus Coolness und Intelligenz mit der dazugehörigen Portion Frechheit."
Mutter von Tjark, Jahrgang 2004, aus Bremen

Tomke

♀ D: n.e. Nord-D: Platz 249

Der friesische Name Tomke ist für Jungen und Mädchen zulässig, wird heute aber überwiegend an Mädchen vergeben. Kritiker bemängeln Tomke als „unweiblich", wohl auch wegen des eher dumpfen Klangs und der Nähe zum Modenamen Tom. Tomke entstand als Verniedlichung von Tomma oder > **Tamme** sowie – in der männlichen Variante – von Thomas (aramäisch für „Zwilling").

Torben/Thorben

♂ D: Platz 283 Nord-D: Platz 239

Der aus Dänemark stammende Name Torben ist in Deutschland seit den 70ern beliebt; in den letzten Jahren wird er etwas seltener vergeben. Er leitet sich von Torbjörn ab, was sich aus „Thor" für den germanischen Gott (> **Thore**) sowie dem schwedischen „björn" für „Bär" zusammensetzt. Während die Schreibweisen mit Th- und nur T- deutschlandweit zu gleichen Teilen vorkommen, gibt es im Norden etwas mehr Torbens.

Torge/Thorge

♂ D: n.e. Nord-D: Platz 283

Der Name Torge leitet sich von dem nordischen Namen Torger/ Thorger ab (aus „Thor" für den germanischen Gott, > **Thore**, und „ger" für „Speer"). In Deutschland kommt diese Form seit den 60er Jahren vor. Sowohl in Norddeutschland als auch bundesweit gibt es etwas mehr Torges (56 Prozent) als Thorges.

Wiebke/Wibke

♀ D: n.e. Nord-D: n.e.

Kommt Wiebke von „Weib"? Der Name wird häufig als „junge Frau, Fräulein" aufgefasst. Eigentlich handelt es sich aber um die friesische Koseform des Namens Wiebe oder Wieba. Dieser wiederum ist das Kürzel von Namen, die aus der Silbe Wig-, althochdeutsch für „Kampf, Krieg", und einem mit b beginnenden zweiten Teil gebildet sind, zum Beispiel Wiburg oder Wigberta. Das vermeintliche Frauchen entpuppt sich somit eher als Kriegerin oder, wenn man Wiburg als Ursprung voraussetzt, als Zufluchtsstätte. Der Name Wiebke, seltener Wibke, wurde schon Anfang der 40er Jahre gern vergeben. Groß in Mode kam er in Friedenszeiten: 1972 erreichte der Name mit Rang 30 seine höchste Platzierung, vielleicht inspiriert durch die erste deutsche Nachrichtensprecherin Wibke Bruhns, die am 12. Mai 1971 erstmals die ZDF-Nachrichtensendung „heute" moderierte. Babyeltern im 21. Jahrhundert könnten auch die skandinavischen Formen von Wiebke gefallen: Viveka, Viveca, Vivika und Vivica sind bei uns noch Geheimtipps.

Ylvie/Ylvi

♀ D: Platz 182 Nord-D: Platz 134

Mächtig im Aufwärtstrend ist der Name Ylvie samt seiner Schreibvarianten. Vor 2007 in Deutschland kaum vergeben, gehört er mittlerweile zu den 200 beliebtesten Mädchennamen. Wenn sich dieser Trend fortsetzt, ist Ylvie in zehn Jahren auf Platz eins der deutschen Hitliste. Bundesweit ist Ylvi die beliebteste Form, in Norddeutschland dagegen Ylvie. Die wahren Hochburgen beider Varianten liegen aber in Thüringen (Ylvi) und Rheinland-Pfalz (Ylvie). Wer es ungewöhnlicher mag, wählt Ylvy, Ilvy, Ilvi oder Ilvie. Der schwedische Name Ylva – so die ursprüngliche Form – bedeutet „Wölfin", also kann man die Verkleinerungsform Ylvie als „kleine Wölfin" deuten. 1963 wurde das Kinderbuch „Wickie und die starken Männer" des schwedischen Autors Runer Jonsson veröffentlicht; 1974 folgte die erfolgreiche Trickfilmserie im deutschen Fernsehen. In diesen Geschichten trat die bekannteste Ylvi der Welt in Erscheinung: als beste Freundin des Titelhelden.

Wir bitten um Aufmerksamkeit für die folgenden Seiten:

**Der Name soll ein Leben lang halten –
die aktuelle Bestandsaufnahme**

Das Jahrbuch für 2016/2017

vitolibro

Na sag:
Wie soll
es denn
heißen?

Die beliebtesten
Vornamen
der Deutschen
von Knud Bielefeld
& Annemarie Lüning

Knud Bielefeld / Annemarie Lüning
Na sag: Wie soll es denn heißen?
Die beliebtesten Vornamen der Deutschen:
Das Jahrbuch 2016/17
144 S. / 12,95 € / ISBN 978-3-86940-018-1

Vornamen prägen ein ganzes Leben: Was ist am besten für mein Kind? Dieses Jahrbuch bietet aufschlussreiche Statistiken – die umfassende Auswertung der beliebtesten Vornamen Deutschlands – sowie ein Kaleidoskop von aktuellen Texten und Schlaglichtern: Unterhaltendes, Ratgeber und Anregungen zum Weiterdenken für eine so wichtige Entscheidung.

zeitlos. witzig, engagiert

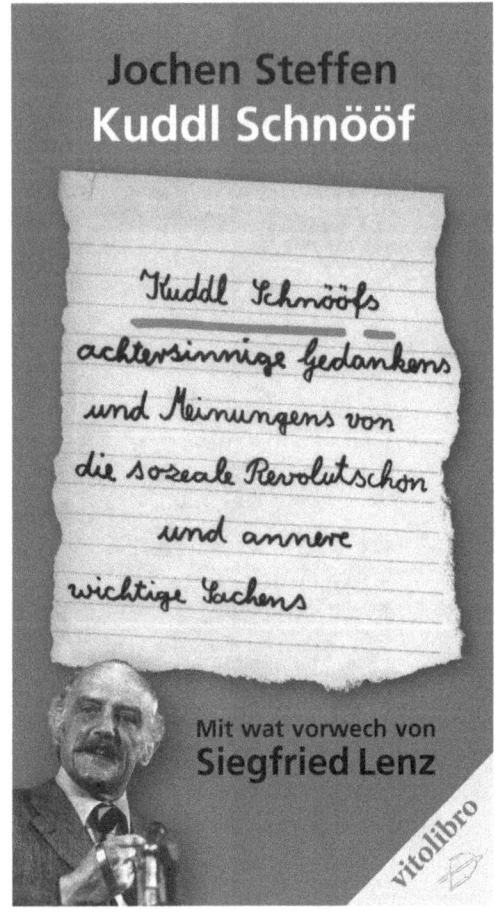

Jochen Steffen
Kuddl Schnööf

Kuddl Schnööfs achtersinnige Gedankens und Meinungens von die sozeale Revolutschon und annere wichtige Sachens

Mit wat vorwech von
Siegfried Lenz

vitolibro

Jochen Steffen
Kuddl Schnööfs ... noieste
achtersinnige Gedankens
un Meinungens von die sozeale
Revolutschon und annere wichtige Sachens
Mit wat vorwech von Siegfried Lenz
210 S. / 17,95 € / ISBN 978-3-86940-019-8

Dieses legendäre Buch des Politikers und Kabarettisten Jochen Steffen ist saukomisches Kabarett über das kleine Menschenleben. Der „rote Jochen" schuf mit dem Kieler Werftarbeiter Kuddl und seiner tutigen Natalje unvergessliche Figuren in hinreißendem Missingsch.

Das berühmteste norddeutsche Kinderbuch – erstmals als plattdüütsche Einzelausgabe

<u>Theodor Storm</u>
<u>De lütte Häwelmann</u>
mit de bekannten Biller vun Else Wenz-Viétor
in't Plattdüütsche överdragen vun Ulrich Gradert
24. S. / 12,95 € 7 ISBN 978-3-86940-040-2

Es dürfte wohl – bis auf später Zugereiste – niemanden in Norddeutschland geben, der nicht 1. Theodor Storm, den berühmtesten Dichter der Region, in der Schule – und 2. den kleinen Häwelmann zuhause kennengelernt hat. Umso verwunderlicher ist es, dass es im Buchhandel nie eine Einzelausgabe der Übersetzung in die Heimatsprache des Dichters gab, der selbst auch vieles op Platt verfasste.

**Die berühmteste Weihnachts-
erzählung der Weltliteratur**

<u>Charles Dickens</u>
<u>Spökenkiekeree an Weihnachten</u>
„Eine Weihnachtsgeschichte" nee vertellt un in't
Plattdüütsche överdragen vun Monika Klinken-
berg-Weigel mit de Biller vun John Leech
144 S. / 12,95 € / ISBN 978-3-86940-042-6

Die wundersame Geschichte spielt an einem bitter-
kalten Heiligabend. Wie in jedem Jahr besucht Neffe
Fred seinen Onkel Ebenezer im Kontor und lädt ihn
zum Weihnachtsessen ein. Wie immer lehnt Scroo-
ge wütend ab, denn er hält Weihnachten für Unfug.
Auch als ihn zwei Herren besuchen und um eine
Spende für Bedürftige bitten, weist er sie schroff ab.

**Menschen, Mythen, Märkte –
Das norddeutsche Weihnachtsbuch**

<u>Jens Mecklenburg</u>
<u>Das norddeutsche Weihnachtsbuch</u>
Menschen · Mythen · Märkte
**Geschichte und Geschichten, Genüsse und
Gebräuche von Jever bis Sylt, Hamburg bis
Rostock, Kiel bis Göttingen**
192 S. / 14,95 € / ISBN 978-3-86940-043-3

Das Buch lässt Traditionen aufleben und erzählt,
welche Bedeutung norddeutsches Brauchtum heute
noch hat. Es entsteht ein Kaleidoskop – so vielfältig
wie die Norddeutschen und ihr Land.

Die kämpferischen Bisams sind auch nur Menschen

Kari Köster-Lösche
Bisams, Gänse und die Tote im Sood
Ein tierischer Hallig-Krimi
200 S. / 14,95 € / ISBN 978-3-86940-060-0

Bisams sind auf Langeness eingewandert. Der junge Bisamm kommt zufällig einem Menschen auf die Schliche, der Leichenteile von Föhrer Urlauberinnen in einem alten Sood entsorgt. Der Fäulnisgestank könnte zum Anlass werden, die Bisamkolonie von der Hallig zu vertreiben. Nur das Mädchen Jorke kann helfen, den Mörder zu entlarven, aber sie und Bisamm geraten dabei in Gefahr ...

www.vitolibro.de